WALTER BERNET · GEBET

THEMEN DER THEOLOGIE

HERAUSGEGEBEN

VON HANS JÜRGEN SCHULTZ

BAND 6

WALTER BERNET

GEBET

MIT EINEM STREITGESPRÄCH
ZWISCHEN ERNST LANGE
UND DEM AUTOR

KREUZ-VERLAG STUTTGART · BERLIN

DEM FREUND WERNER WEBER

1. AUFLAGE (1.—10. TAUSEND)

GESTALTUNG: HANS HUG
GESAMTHERSTELLUNG:
VERLAGSDRUCKEREI E. RIEDER, SCHROBENHAUSEN
ISBN 3 7831 0324 X

INHALT

VORWORT

Die Beschäftigung mit dem Gebet hat in allen Zeiten und Räumen menschlicher Geschichte eine unabsehbare Literatur hervorgebracht. Allein die schriftlichen Dokumente aus der Geschichte des Christentums sind so zahlreich, daß sie in einer Schrift, die sich wie die vorliegende nicht ausschließlich an Historiker und Theologen wendet, in höchst bescheidener Auswahl und auch so nur andeutungsweise berücksichtigt werden können. Die Auffassung vom Gebet, die ich vertrete, mag befremden. Die Resultate, besser die Postulate, zu denen ich gelange, lassen zwei Fragen aufkommen: *Darf* jener besondere Akt des Denkens, als den ich das Beten beschreibe, noch Beten genannt werden? Und: *Muß* überhaupt dieser Denkakt den Namen »Beten« tragen? Die Beantwortung beider Fragen hängt davon ab, ob man im Christentum eine in ihrem Kern unwandelbare und sich durchhaltende Größe sieht oder ob man das »Ende des Christentums« und das »Ende der Welt« nicht identifizieren kann. Ich glaube an die Sterblichkeit. Deshalb plädiere ich für die nicht nur äußere, sondern auch für die durchaus substantielle Wandelbarkeit des Christentums. Ja ich erblicke gerade in dieser Wandelbarkeit das Phänomen, das wie kein anderes theologisches Denken herausfordert. Von daher

fühle ich mich berechtigt *und* genötigt, jenen besonderen Akt des Denkens, dessen Beschreibung die vorliegende Schrift gilt, Beten zu nennen.
Während der ganzen Arbeit hat mich mein Assistent Johannes Caspers mit Anregungen und mancherlei Hilfe freundlich begleitet. Ihm wie auch Ursula Kälin, stud. iur., die mit Verständnis die ganze Schreibarbeit besorgte, möchte ich herzlich danken.
Ich widme dieses kleine Buch meinem Freund, dem Zürcher Literaturkritiker Werner Weber. Die Widmung mag andeuten, was ich ihm durch Jahre schönster und fruchtbarster Freundschaft verdanke.

Walter Bernet

Gebet und Erfahrung

Zur Problematik des Begriffs der Religion

Beten hat keine Geschichte, Gebet ist geschichtslos. Darin zeigt es sich als eine elementare Gebärde des Menschen.

Den elementaren Charakter des Betens hat wohl niemand so deutlich herausgestellt wie Friedrich Heiler in seinem großangelegten Buch über das Gebet[1]. Allein: Heiler findet Elementares dort, wo Ursprüngliches begegnet. Insofern ist Beten für Heiler elementar, als sich in ihm Ursprüngliches meldet. In solcher Sicht läßt sich nicht eine Historie des Betens schreiben, wohl aber so etwas wie eine Sach- und Problemgeschichte. Die Identifikation nämlich von Elementarität und Ursprünglichkeit erlaubt es Heiler, historisch und faktisch vorliegendes Gebet nach seiner Nähe oder Ferne zum Ursprung zu befragen und in einem damit das Maß seiner Elementarität zur Darstellung zu bringen.

Ich selbst vermag die Identifikation von Elementarität und Ursprünglichkeit nicht nachzuvollziehen. Beten erscheint mir darin als elementare Gebärde des Menschen, daß in ihm die Radikalität der *Erfahrung* und ihrer Forderungen zum Vorschein kommt. Beten ist für meinen Verstand Spielfigur und darin Element menschlicher Erfahrung. Als Element ist es geschichtslos. Aber gerade als Element nimmt es Anteil an der menschlichen Geschichte, Anteil nämlich an der Geschichte der Erfahrung und ihres Begriffs.

So verzichte ich bewußt darauf, eine Geschichte des Gebetes, nur schon des christlichen Betens zu schreiben, indem ich das Gebet bis zu seinen historischen Anfängen oder bis zu seinen normativen Ursprüngen zurückverfolgte, wobei dann etwa in der Bibel oder bei Jesus historischer Anfang und normativer Ursprung zusammenfallen könnten, müßten oder würden. Die Geschichte, an der das Beten Anteil nimmt, weil es eines ihrer Elemente ist, ist nicht die Geschichte oder eine Geschichte des Phänomens »Beten« selbst, sondern diejenige der *Erfahrung*, ihres Gebrauchs und ihres Begriffs.

Die Erfahrung, insofern das Phänomen »Beten« an ihr elementaren, elementhaften Anteil hat, ist mit einem Problem konfrontiert, das seinerseits zur Geschichte der Erfahrung hinzugehört, nämlich mit dem Problem der *Religion*. Der Begriff der Religion ist durch lange Zeiten ein verhältnismäßig unproblematischer Begriff gewesen. Er bezeichnete die eine und wahre Religion, nämlich die des Christentums. Zwar haben u. a. zwei wichtige Erscheinungen die Ruhe des Begriffs gestört: Die Auseinandersetzung mit dem andrängenden Islam erforderte von Thomas von Aquin in seiner »Summa contra gentiles« (1264) einen kritischen Gebrauch des Wortes. Und erst recht brachten die großen theologischen Kontroversen in der Reformationszeit[2] den ersten Ansatz zur wirkungskräftigen Problematisierung des Religionsbegriffs. Die Diskussionen um die wahre und die falsche Religion entnahmen das Wort »Religion« seiner Selbstverständlichkeit. In entscheidenden

Streit aber gelangte der Terminus erst, als im 17. und vor allem im 18. Jahrhundert die Entdeckung von anderen Religionen als der christlichen ein starkes Interesse für vergleichende Betrachtungsweise erweckte.
Da sich nun in solchen Vergleichen immer wieder Ähnlichkeiten in den einzelnen Vorstellungen der verschiedenen Religionen zeigten, drängte sich der Versuch auf, die ganze Forschung darauf zu richten, jene Gruppe von Gedanken und Vorstellungen zu finden, welche allen positiven Religionen gemeinsam ist und so gewissermaßen den Kern der Religion schlechthin bildet. Weil sich aber ein solcher, allen Religionen gemeinsamer Vorstellungskomplex, ein innerster Kanon aller Religion empirisch nicht finden und darstellen ließ, wurde das Allgemeine, von dem sich die verschiedensten individuellen Erscheinungsformen der verschiedensten Religionen ableiten ließen, außerhalb der empirischen Religionen gesucht. Das Allgemeine konnte ja — besonders im Horizont des aufklärerischen Denkens — niemals etwas Empirisches sein. Denn das Erfahrbare war ja gerade das Einzelne, Individuelle und darin das Zufällige. Der Satz, wonach das Prinzip der Individuation die Materie sei, behielt in der Aufklärung seine valuta. Wer Allgemeinheit erreichen wollte, der mußte über das Material hinaus zum Formalen gelangen. Und das heißt: allein die ihrer selbst sich versichernde Vernunft vermochte die Erkenntnis eines Allgemeinen zu gewährleisten, und zwar eines Allgemeinen, welches als die Wahrheit hinter aller Verworrenheit der religiösen Vorstellungen *die* Religion normierte. Das Allgemeine als Resultat der Vernunft, dargestellt vorwiegend in der Trias von Gott, Freiheit und Unsterblichkeit, ergab

nach der Regel, wonach das Allgemeine zugleich das Wesentliche und Wahre ist, das Wesen der Religion. Vom Gesichtspunkt dieser wahren Religion aus erschienen die einzelnen Religionen und ihre Gestaltungen als vorläufige Stufen auf dem Wege reiner Erkenntnis. Was die Religionen an Vorstellungen und Gedanken anzubieten hatten, waren Trübungen des eigentlich wahren Wesens der Religion. Das Einzelne verlor seinen Eigenwert. Das allgemeine Verständnis *der* Religion ging achtlos am Selbstverständnis der positiven Religion vorbei.

Für Kant sind die Dokumente aller Religionen, sicher aber die des Christentums, mehr oder minder deutliche Antizipationen der einen, wahren Vernunftreligion, Erscheinungen, die alle im Keime *die* Religion in sich tragen und deshalb auf diese ihre keimhafte und wesenhafte Vernünftigkeit hin befragt und ausgelegt werden müssen. Alle individuelle Gestalt einer Religion ist im Blick auf ihre innerste Vernünftigkeit unerheblich. Denn die individuelle Gestalt ist ein Produkt der Erfahrung. Die Erfahrung aber enthält ein gewisses Moment der Zufälligkeit, welches seinerseits begründet ist durch die Gegenstands-Bezogenheit aller Erfahrung. Auch wenn die Regeln möglicher Erfahrung als Regeln nicht empirisch, sondern a priori erkennbare Sätze sind[3], so muß dazu noch die »Materie der Erfahrung« kommen, weil allein eine »synthetische Einheit« von Gesetz und Materie die Erfahrung in den Horizont relevanter Erkenntnis bringt[4]. Eben diese »Materie der Erfahrung« birgt das gewisse Moment der Zufälligkeit in sich und damit die Singularität und Individualität des Erfahrungs-Gegenstandes. Deshalb vermag die Erfahrung zwar Auskunft zu geben darüber, was da sei, und wie es sei, niemals aber, daß es notwendigerweise so und nicht anders sein müsse.

Das Notwendige ist das Allgemeine, auf das Vernunfterkenntnis gerichtet ist; das Singuläre ist das Unerhebliche, mit dem sich bloße Erfahrung begnügen muß[5].

Das ist das Ende einer großartigen Phase des Streits um die Religion! Das Ende dieser Phase wird signalisiert durch das Ende eines bestimmten Gebrauchs des Begriffs »Erfahrung«. Und zwar reicht die Geschichte dieses Gebrauchs weit zurück: Das Mittelalter — etwa Bernhard von Clairvaux — verwendete die »experientia« dazu, die Dialektik von Heilsoffenbarung und Heilsaneignung darzulegen. Die Reformation — vor allem Martin Luther — stellte im polemischen Gebrauch des Erfahrungsbegriffs die reine Externität des Wortes Gottes, die schlechthinnige Transzendenz der Heilsoffenbarung ins Licht. Kant schließlich übernimmt den Begriff von den Engländern, folgt aber in gewissem Sinne der lutherischen Gebrauchstradition, indem er ihm eine Funktion zugesteht, die im Gesamtvorgang der Erkenntnis von nur relativer Bedeutung ist. Ja im Blick auf die entscheidende Wahrheit — man ist versucht zu sagen: im Blick auf die »Heils«-Wahrheit — ist der Erfahrung auch für Kant ein Erkenntniswert abzusprechen.

»Das Kennzeichen der wahren Kirche ist ihre Allgemeinheit; hievon aber ist wiederum das Merkmal ihre Notwendigkeit und ihre nur auf eine einzige Art mögliche Bestimmbarkeit. Nun hat der historische Glaube (der auf Offenbarung, als Erfahrung gegründet ist) nur partikuläre Gültigkeit, für die nämlich, an welche die

Geschichte gelangt ist, worauf er beruht, und enthält, wie alle Erfahrungserkenntnis, nicht das Bewußtsein, daß der geglaubte Gegenstand so und nicht anders sein müsse, sondern nur, daß er so sei, in sich; mithin enthält er zugleich das Bewußtsein seiner Zufälligkeit. Also kann er zwar zum Kirchenglauben (deren es mehrere geben kann) zulangen, aber nur der reine Religionsglaube, der sich gänzlich auf Vernunft gründet, kann als notwendig, mithin für den einzigen erkannt werden, der die wahre Kirche auszeichnet.«[6]

Gehörte es in der theologischen, vor allem lutherischen Tradition des Erfahrungsbegriffs zur Offenbarung, die umfassende Heilswahrheit mitzuteilen, und war die Erfahrung als menschliche Möglichkeit von da her relativiert, so stellt sich jetzt bei Kant die Offenbarung dar als letzte Zuspitzung einer Erfahrung, die in ihrer Gegenstandsbezogenheit letztlich nichts vermag und daher der praktischen Vernunft Platz machen muß, welche allein auf »Heils«-Wahrheit stößt. Zwei aus ähnlicher oder gleicher Tradition stammende Denkmodelle stehen einander schroff gegenüber: die umfassende Wahrheit kann sich auf der einen Seite nur offenbaren, auf der andern Seite wird eine offenbarte Wahrheit nicht als umfassende anerkannt. In beiden Modellen aber geht es um umfassende Wahrheit durchaus im Sinne des Heils, und in beiden entzieht sich diese Wahrheit den Möglichkeiten der Erfahrung.

An dieser Stelle erhebt sich die schwierige Frage, ob ein wie auch immer geartetes Denken im Horizont einer als Heil verstandenen umfassenden Wahrheit überhaupt der Erfahrung Genüge zu tun imstande ist. Jedenfalls scheint es mir, als würde die nach Kant neu anhebende Entwicklung des Begriffs der Erfahrung mit immer intensiverer Deutlichkeit gerade die soteriologischen Definitionen von Wahrheit sprengen. Die Erfahrung bleibt sich in der Zeit nach Kant durchaus der Beschränktheit ihrer Möglichkeiten bewußt, sieht aber darin nicht eine Schwäche, sondern glaubt, daß gerade ihre Unfähigkeit, das Absolute zu erfassen, sie in der Erkenntnis des Relativen soweit bringt, daß das Absolute seine absolute Bedeutung verliert. Mit anderen Worten: Die Erfahrung findet mehr und mehr mit dem »Wegfall der Jenseitigkeiten« (Dilthey) ihr Genügen im Endlichen und darin die Kraft, die sie zur bestimmenden Größe der Moderne gemacht hat.

In der Theologie findet sich eine ähnliche Entwicklung des Erfahrungsbegriffs einmal auf einer Linie, die vereinfachend mit den Namen Schleiermacher und Troeltsch bezeichnet werden kann, die dann aber in den Zwanzigerjahren dieses Jahrhunderts zu einem jähen Abbruch gelangt. Eine andere, mehr restaurative Linie geht — wie ich es sehe — über Ritschl zu Barth. Hier wird mit letzter Konsequenz der soteriologische Aufbau der Theologie bewahrt, verteidigt und in neuer Gestalt vorgeführt. Die Erfahrung hat hier keinen wesentlichen Platz. Für ihre Untauglichkeit dienen die Reformatoren und selbstverständlich auch Kant als Kronzeugen: Die Heilswahrheit gibt sich durch Offenbarung.

Das ist die Position, von der aus die Theologie, namentlich die dialektische, ihren Kampf gegen die Religion führt.

An ganz anderem Ort setzt die philosophische und psychologische Kritik der Religion seit Feuerbach an. Während für die Theologie gerade der *Erfahrungs-*

charakter der Religion suspekt ist, verdächtigt die moderne Psychologie die Religion, in ihrem Heilsanspruch der lebendigen Erfahrung einen ihr fremden Zwang anzutun.

Erfahrung und Religion – zur Religionskritik

Religion als Illusion (Freud)

Auch wenn S. Freud selber, vor allem um seiner Sache nicht zu schaden, betont hat, die Psychoanalyse sei ein weltanschaulich neutrales Unternehmen, verlange also von niemandem eine bestimmte Ideologie noch den Verzicht auf Religionszugehörigkeit, so ist doch nicht zu verkennen, daß seine Religionskritik in einem notwendigen Zusammenhang mit seiner ganzen Denkarbeit steht. So ist der Ort, an dem er zur schärfsten Kritik der Religion ansetzt, kein zufälliger: Seine Entdeckungen auf dem Gebiet der libidinösen Entwicklung des Kleinkindes zum Kind und zum Erwachsenen haben Zusammenhänge aufgedeckt, die den Arzt und Therapeuten und nicht zuletzt den humanistischen Pädagogen Freud zum Zweifel, ja zur Negierung der Religion führen mußten. Diese Entdeckungen seien in vergröbernder Abbreviatur genannt: Das Kleinkind findet als erstes mögliches Objekt für seine libidinöse Betätigung die Mutter, genauer die Mutterbrust. Diese allererste libidinöse Objektwahl ist insbesondere beim Knaben eine inzestuöse. Was also das Kind in der Geschichte seiner Libidoentwicklung anfänglich tut und wozu es in späteren Phasen immer wieder repetitorisch gedrängt wird, das ist etwas, was gemeinhin in der »Moral« aller Völker verboten ist. Die Libidoentwicklung, mithin die Geschichte des Menschen, fängt an mit Inzest.

Diese Beobachtungen bestätigen sich in den weiteren therapeutischen Erfahrungen von Freud. Die meisten seiner Patienten reproduzieren nämlich im Verlaufe ihrer Analyse Szenen aus ihrer Kindheit, deren Inhalt die sexuelle Verführung durch einen Erwachsenen ist. Zunächst schenkt Freud der Objektivität dieser Erzählungen Glauben. Dann aber fragt er sich, ob es denn möglich sei, daß derart viele Menschen wirklich von ihren Vätern, Onkeln usw. sexuell verführt worden sind. Eine Neuüberprüfung der Patientenerzählungen ergibt, daß es sich bei diesen Geschichten in den allermeisten Fällen nicht um Berichte über historische Begebenheiten im Leben der Erzähler handelt, sondern um eine Art von »Lügen«, welche ein bestimmtes Entwicklungsstadium des Menschen beschreiben. Die Geschichten sind Gebilde der Phantasie, aber einer Phantasie, die Realität, Wirklichkeit aus dem Prozeß der Menschwerdung des Menschen an den Tag bringt. Sie sind Mythen. Kein Mythos kann verstanden werden, wenn er bloß nach dem befragt wird, was an Historischem, an Passiertem hinter ihm steht. Ein Mythos wird als Mythos nur verstanden, wenn er vor allem danach befragt wird, wie er Muster, Strukturen menschlichen Verhaltens und menschlichen Werdens zur Darstellung bringt. Auf diese Weise geht nun Freud an die inzestuös gefärbten Geschichten seiner Patienten heran. Dabei stößt er in der Gestalt der sophokleischen Tragödie auf den Mythos des Königs Ödipus. In diesem

Mythos findet er all das zu klassischer Formel gebracht, was die Phantasien seiner Patienten ausdrükken wollen. Was die Patienten erzählen, ist genau das, was Ödipus in der Tragödie erlebt. Und dieses Erlebnis hält Freud für konstitutiv für die einzelne wie für die menschheitliche Entwicklung des Menschen. Was den Menschen zum Menschen werden läßt, ist das Ödipuserlebnis. Nicht aus irgendeinem »Wesen«, nicht aus einer »natura«, auch nicht aus einer Gottebenbildlichkeit heraus erbildet sich die Menschlichkeit des Menschen. Der Mensch wird Mensch, indem er die Ödipussituation passiert, indem er dieses Trauma, diese Verletzung seiner Seele besteht und verarbeitet.
Die Entdeckung des »Ödipus-Komplexes« wird so für Freud zum Schlüssel, der ihm nicht nur die Kammer einzelmenschlicher Entwicklung, sondern nun vor allem die weiten Räume menschlicher Kultur, Kunst und nicht zuletzt der Religion auftut. Die Bedeutung des Ödipus-Mythos für Freuds anthropologisches Denken sei in drei Punkten skizziert:

1. Die entscheidende Rolle im tragischen Geschehen kommt dem Orakel zu. Das Orakel verkündet, was mit letzter Notwendigkeit unabwendbar geschehen muß. Ödipus handelt unter einem von ihm nicht einsehbaren Zwang. Was hier zur Sprache kommt, ist ein dem Menschen unbewußtes, aber obligatorisches Erlebnis. Was Ödipus passiert, das muß unbewußt jeder Mensch erleben. Es mag den Anschein haben, daß Freud den Menschen fast von so etwas wie einem Geschick, einem Schicksal her versteht. Und in der Tat meint Freud auch, es gehöre zum obligaten Geschick des

Menschen auf dem Wege zu sich selbst, daß er die Ödipussituation durchlaufen *müsse*. Dabei ist aber nicht zu übersehen: Der Ort dieser Situation ist das Unbewußte. Das Zwanghafte, das Schicksalmäßige wird dem Unbewußten angelastet. Als *Unbewußtes* hat das Ödipuserlebnis den Charakter des Geschicks. Aber auch diesem Unbewußten gegenüber gilt ungeschmälert Freuds Programmsatz: Was Es war, muß Ich werden. Das aber heißt: Was im Unbewußten schicksalhaft das Wesen des Menschen bestimmt, ist nur vorläufig schicksalhaft. Zum Bewußtsein gebracht, dem »Realprinzip« unterstellt, verliert die Ödipussituation den Charakter des Dunkel-Schicksalhaften.

2. Worin besteht nun für Freud eigentlich das dem Menschen obligatorische Erlebnis im Unbewußten? Ödipus sucht mit unstillbarer Sehnsucht seinen eigenen Vater. Aber er muß ihn — unbewußt — töten und muß — wieder ohne zu wissen, was er tut — seine Mutter heiraten. Es spielt sich also genau das gleiche ab wie bei jedem Menschen: Die erste und obligatorische, aber eben unbewußte und dann bewußt zu machende Objektwahl der Libido ist die Mutter. Die ganze Entwicklung des Menschen beginnt damit, daß sich seine Libido in inzestuöser Weise an die Mutter heftet und gleichzeitig sich in Form von Todeswünschen usw. gegen den Vater wendet.

3. Ödipus wird schwer bestraft. Die Furien, die Göttinnen der Rache, verfolgen ihn durch Jahre hindurch. Ein Fluch lastet auf ihm. Obwohl er ahnungslos handelt, ist er beladen mit schwerer Schuld. Das heißt nun

für Freud: Unabdingbar mit der unbewußt inzestuösen Objektbindung der Libido verbunden bleibt das stetig wachsende »schlechte Gewissen«. Dieses schlechte Gewissen drängt den Menschen zur kritischen Analyse, zur Reflexion. Er wird ein Mensch nicht einfach dadurch, daß er das Ödipuserlebnis an sich geschehen läßt, sondern dadurch, daß er dieses traumatische Erleben reflektierend in kritischer Distanz der Analyse unterzieht. Und das heißt: daß er es ans helle Licht des Bewußtseins bringt und dafür sorgt, daß es nicht — versteckt und verborgen durch Illusionen und regressive Wunschbildungen — im Dunkeln blindes Schicksal spielt.

Von daher ist nun Freuds Religionskritik zu verstehen. In systematischer Weise hat sich Freud namentlich in zwei Werken mit der Religion beschäftigt, einmal in »Totem und Tabu«, sodann in der »Zukunft einer Illusion«[7]. Leider muß ich es mir versagen, die erste der genannten Schriften zu besprechen. Ich will mich auf die zweite konzentrieren. Aber auch da noch ist Konzentration nur möglich durch Verkürzung und Auswahl.

Der Mensch kann nach Freud für sich allein nicht leben. In der Vereinzelung geht er zugrunde. Er bedarf um seiner Menschlichkeit willen des Mitmenschen, der Gesellschaft. Die Gesellschaft aber, deren der Mensch um seiner selbst willen unbedingt bedarf, wird ausgerechnet durch den Menschen selbst, durch seine Triebe gefährdet. Was den Menschen menschlich macht, die Gesellschaft, deren Daseinsform die Kultur ist, wird vom Menschen stets in Frage gestellt. Es ist merkwürdig, »daß die Menschen, so wenig sie auch in der Vereinzelung existieren können, doch die Opfer, welche ihnen von der Kultur zugemutet werden, um ein Zusammenleben zu ermöglichen, als schwer drükkend empfinden. Die Kultur muß also gegen den Einzelnen verteidigt werden ...« Einen wirksamen Schutz der Kultur vor den Trieben des Einzelnen gibt es nicht ohne Anwendung von Zwang. Zwei weitverbreitete Eigenschaften des Menschen tragen nach Freud dafür die Schuld, daß die kulturellen Einrichtungen nur durch ein gewisses Maß von Zwang erhalten werden können. Die eine Eigenschaft: daß die Menschen spontan nicht arbeitslustig sind. Die zweite Eigenschaft: daß Argumente nichts gegen ihre Leidenschaften vermögen. Diese beiden Eigenschaften machen einen bestimmten Zwang nötig.

Der Mensch muß unter Arbeitszwang und unter einen gewissen Triebverzicht gestellt werden. Immer wieder aber gibt es Leute, welche das gar nicht einsehen wollen und sich also gegen jeden Zwang, damit allerdings auch gegen die Kultur stellen. Freud entgegnet ihnen: »Aber wie undankbar, wie kurzsichtig überhaupt, eine Aufhebung der Kultur anzustreben! Was dann übrig bleibt, ist der Naturzustand, und der ist weit schwerer zu ertragen. Es ist wahr, die Natur verlangte von uns keine Triebeinschränkungen, sie ließe uns gewähren, aber sie hat ihre besonders wirksame Art uns zu beschränken, sie bringt uns um, kalt, grausam, rücksichtslos ... Eben wegen dieser Gefahren, mit denen die Natur uns droht, haben wir uns ja zusammengetan und die Kultur geschaffen, die unter anderem auch unser Zusammenleben möglich machen soll. Es ist

ja die Hauptaufgabe der Kultur, ihr eigentlicher Daseinsgrund, uns gegen die Natur zu verteidigen.«
Es ist deutlich: Um der Menschlichkeit des Menschen willen führt Freud die Kultur in einen Streit mit der Natur. Dieser Kampf gegen die Natur ist hart und bedeutet eine radikale Bedrohung für den Menschen. Deshalb ist der Mensch genötigt, sich nach Waffen und Mitteln für diesen Kampf umzusehen. Ein äußerst wirksames Mittel in diesem Kampf gegen die Natur ist nun die Religion. Sie ist entstanden aus der Notwendigkeit, die unheimliche Macht der Natur zu bewältigen. »Ich habe versucht zu zeigen, daß die religiösen Vorstellungen aus demselben Bedürfnis hervorgegangen sind wie alle anderen Errungenschaften der Kultur, aus der Notwendigkeit, sich gegen die erdrückende Übermacht der Natur zu verteidigen.«
Welcher Art ist nun die Bewältigung der Natur, wie sie sich in der Religion vollzieht? Zunächst ermöglicht die Religion eine Art Vermenschlichung, Personifizierung der Naturkräfte. »An die unpersönlichen Kräfte und Schicksale kann man nicht heran, sie bleiben ewig fremd. Aber wenn in den Elementen Leidenschaften toben wie in der eigenen Seele, wenn selbst der Tod nichts Spontanes ist, sondern die Gewalttat eines bösen Willens, wenn man überall in der Natur Wesen um sich hat, wie man sie aus der eigenen Gesellschaft kennt, dann atmet man auf, fühlt sich heimisch im Unheimlichen, kann seine sinnlose Angst psychisch bearbeiten. Man ist vielleicht noch wehrlos, aber nicht mehr hilflos gelähmt . . .« Mit der Vermenschlichung, der Personifizierung der Natur und ihrer Elemente gibt die Religion dem Menschen eine zwar vorläufige,

aber doch sehr wirksame Methode, die es ihm erlaubt, wenigstens ein Stück weit die Unheimlichkeit der Natur in Griff zu bekommen.
Nun ist aber die Situation der Ohnmacht gegen die Natur »nichts Neues, sie hat ein infantiles Vorbild, ... denn in solcher Hilflosigkeit hatte man sich schon einmal befunden, als kleines Kind einem Elternpaar gegenüber, das man Grund hatte zu fürchten, zumal den Vater, dessen Schutzes man aber auch sicher war gegen die Gefahren, die man damals kannte. So lag es nahe, die beiden Situationen einander anzugleichen.« Der Mensch macht also die Naturkräfte in seinem religiösen Personifizierungsprozeß nicht einfach zu irgendwelchen Menschen, mit denen er wie mit seinesgleichen verkehren könnte, »er gibt ihnen Vatercharakter, macht sie zu Göttern, folgt dabei nicht nur einem infantilen, sondern auch ... einem phylogenetischen Vorbild«. Das heißt: dadurch, daß der Mensch die Natur gewissermaßen »verväterlicht«, macht er zugleich seinen eigenen wie auch den Entwicklungsprozeß der ganzen Menschheit durch. »So wird ein Schatz von Vorstellungen geschaffen, geboren aus dem Bedürfnis, die menschliche Hilflosigkeit erträglich zu machen, erbaut aus dem Material der Erinnerungen an die Hilflosigkeit der eigenen und der Kindheit des Menschengeschlechts.« Ist mit alledem die Religion eine taugliche Waffe, ist sie ein wirklich geeignetes Mittel im Kampf gegen die Natur, im strittigen Prozeß der Bewahrung der Menschlichkeit des Menschen?
Im Vorfeld einer Antwort auf diese Frage stellt Freud zunächst fest, daß religiöse Vorstellungen und Lehren nicht beweisbar sind, also Glauben verlangen, ohne

daß sie ihren Anspruch auf Glauben durch irgendeine Beobachtung schlüssig begründen wollen noch können. Und doch — meint Freud — sind religiöse Lehren und Vorstellungen von einer gewaltigen Mächtigkeit, von faszinierender Evidenz. »Ich meine«, so antwortet Freud, »wir haben die Antwort ... genügend vorbereitet. Sie ergibt sich, wenn wir die psychische Genese der religiösen Vorstellungen ins Auge fassen. Diese, die sich als Lehrsätze ausgeben, sind nicht Niederschläge der Erfahrung oder Endresultate des Denkens, es sind *Illusionen*, Erfüllungen der ältesten, stärksten, dringendsten Wünsche der Menschheit. Das Geheimnis ihrer Stärke ist die Stärke dieser Wünsche.«

Die Religion *ist* also eine Waffe, sogar eine unglaublich starke Waffe. Die Religion *hat* eine enorme Virulenz. Was sie als Lehrsätze vorträgt, das gründet nicht auf *Erfahrung*, ist nicht Resultat des Denkens, ist vielmehr in Systeme, Dogmen, Rituale übersetzte *Illusion*. Erfahrungsdenken und Illusion, Realprinzip und Lustprinzip stehen sich radikal gegenüber.

Gerade bei dieser Stärke und Virulenz setzt nun Freuds ganze Kritik ein: daß die Religion unerfüllte Wünsche des Menschen zu erfüllen vorgibt, gerade das also, was ihr Mächtigkeit verleiht, ist für Freud ihre eigentliche Problematik, bedeutet ihre letztliche Untauglichkeit im Kampf gegen die Natur.

Freud erzählt in diesem Zusammenhang eine kleine Geschichte: Ein Bürgermädchen gibt sich der Illusion hin, ein Prinz würde es einmal heiraten. Dieser Wunschtraum ist zunächst gar nicht schlimm. Wenn dieses Mädchen aber völlig und gänzlich aus dieser einen Illusion lebt, wenn es also etwa sämtliche Hei-

ratsanträge von bürgerlichen jungen Männern konstant ausschlägt, immer in der Hoffnung auf den Prinzen, dann wird es unfähig, ein reales, gegenwärtiges Leben zu leben. Es verpaßt um der Illusion willen die realen Chancen seiner Gegenwart.
Wenn der Mensch sich auf die Illusion der Religion einläßt, wenn er sich von der Religion gänzlich in seiner Lebensgestaltung bestimmen läßt, dann wird er untauglich für die Welt, untauglich zum Kampf gegen die Natur. Mehr noch: Er wird neurotisch, leidet unter einer kollektiven Neurose, die ihm Arbeits- und Genußfähigkeit raubt. »Über das Menschenkind wissen wir, daß es seine Entwicklung zur Kultur nicht gut durchmachen kann, ohne durch eine bald mehr, bald minder deutliche Phase von Neurose zu passieren ... Die meisten dieser Kinderneurosen werden während des Wachstums spontan überwunden ... Mit dem Rest soll dann auch noch später die psychoanalytische Behandlung aufräumen. In ganz ähnlicher Weise hätte man anzunehmen, daß die Menschheit als Ganzes mit ihrer säkularen Entwicklung in Zustände gerät, welche den Neurosen analog sind ... Die Religion wäre die allgemein menschliche Zwangsneurose, wie die des Kindes stammte sie aus dem Ödipuskomplex, der Vaterbeziehung. Nach dieser Auffassung wäre vorauszusehen, daß sich die Abwendung von der Religion mit der schicksalsmäßigen Unerbittlichkeit eines Wachstumsvorgangs vollziehen muß und daß wir uns gerade jetzt mitten in dieser Entwicklungsphase befinden.«
Die Religion ist also eine kindliche Neurose, eine Kinderkrankheit des Menschen und der Menschheit. Das Material, aus dem sie entstanden ist und heute noch

immer entsteht, ist die Ödipussituation. Deshalb ist sie durchaus eine sinnvolle, auch als pathologische Phase sinnvolle Station auf dem Wege des Menschen zur Menschlichkeit. Sinnvoll aber ist sie nur so lange, als sie kritisch und bewußt als eine zu verarbeitende Phase im Leben des Einzelnen wie der Menschheit durchschaut und hinter sich gelassen wird. In der »säkularen Entwicklung« hat die Religion als feste Größe keinen Platz mehr. Sie bietet bestenfalls das Material, anhand dessen die säkulare Entwicklung der Menschheit ins Bewußtsein des säkularen modernen Menschen tritt. Die Abwendung von der Religion ist ein nicht aufzuhaltender Prozeß.

Was sind nun die Mittel, deren sich der säkulare Mensch, der areligiöse Mensch im Kampf um die Menschlichkeit des Menschen bedienen muß? Es ist die Vernunft, »unser Gott Logos«, worauf der Mensch verwiesen ist. Dieser »Gott« ist bescheiden in seinen Zusicherungen. Er verspricht nicht die Erfüllung illusionärer Wünsche. Er verzichtet auf die Machtentfaltung der Götter der Religion. »Unser Gott Logos wird von diesen Wünschen verwirklichen, was die Natur außer uns gestattet, aber sehr allmählich, erst in unabsehbarer Zukunft und für neue Menschenkinder. Eine Entschädigung für uns, die wir schwer am Leben leiden, verspricht er nicht. Auf dem Wege zu diesem fernen Ziel müssen die religiösen Lehren fallen gelassen werden, gleichgiltig ob die ersten Versuche mißlingen, gleichgiltig ob sich die ersten Ersatzbildungen als haltlos erweisen ...; auf die Dauer kann der Vernunft und der Erfahrung nichts widerstehen, und der Widerspruch der Religion gegen beide ist allzu greifbar. Auch die ge-

läuterten religiösen Ideen können sich diesem Schicksal nicht entziehen, solange sie noch etwas vom Trostgehalt der Religion retten wollen. Freilich, wenn sie sich auf die Behauptung eines höheren geistigen Wesens einschränken, dessen Eigenschaften unbestimmbar, dessen Absichten unerkennbar sind, dann sind sie gegen den Einspruch der Wissenschaft gefeit, dann werden sie aber auch vom Interesse der Menschen verlassen.« Das Reich von Freuds »Gott Logos« ist nicht die Religion, es ist die Wissenschaft, insbesondere die Naturwissenschaft. Sie ist Mittel im Streit um die Menschlichkeit, sie erlaubt es dem Menschen, sich im Diesseits und auf dieser Welt verantwortlich und vernünftig einzurichten. Freud zitiert seinen Heine: »Den Himmel überlassen wir den Engeln und den Spatzen.« Wer hinter diesen Aussagen einen naiven Fortschrittsglauben oder gar eine titanische Hybris vermutet, der geht fehl. Freuds Vertrauen auf die Vernunft bedenkt die Chancen gegenwärtiger, moderner Vernunft. Die Vernunft, auf die er alles setzt, ist nicht ein Analogon zum absoluten Weltgeist und zu dessen absoluten Ansprüchen. Sie hat ihren Ort in der Erfahrung. Das aber heißt: Sie ist relativ und relativiert deshalb auch jedes Vertrauen, das der Mensch in sie setzt. »... wer sich demütig mit der geringfügigen Rolle des Menschen in der großen Welt bescheidet, der ist irreligiös ... im wahrsten Sinne des Wortes.«
Der ist ein wahrer Mensch.

Religion als Durchgang (Jung)

Religionskritik bei Jung — wieso? Man ist doch gewöhnt, in Jung den Psychologen zu erblicken, der wie kein anderer sich nicht nur mit der Religion beschäftigt, sondern ihr in mannigfaltigster Weise positive Werte zugeschrieben hat. Jung müßte doch geradezu als Neuentdecker, niemals aber als Kritiker der Religion gewürdigt werden.

In der Tat war es ja auch die Bewertung der Religion, durch die sich Jung von seinem Lehrer Freud energisch schied. In »Wandlungen und Symbole der Libido«[8] wirft er Freud vor, mit der Religion umzugehen wie einer, der behauptet, über den Straßburger Dom nur deshalb, weil diese Kirche aus Steinen gebaut ist, mit einer petrographischen Analyse alles gesagt zu haben. Oder direkt formuliert: Daß die Religion, daß alle Religionen in der Libido ihr Material finden, heißt für Jung noch lange nicht, daß die Analyse der libidinösen Verhältnisse ausreiche für eine Beschreibung des Phänomens Religion. Mit dem Verzicht auf eine konsequent reduktive Methode unterscheidet er sich von Freud.

Aber dieser Verzicht ist — und das wird immer wieder übersehen — keineswegs auch ein Verzicht auf Religionskritik. Dem ist nachzugehen:

Wie Freud arbeitet auch Jung intensiv mit dem Material von Träumen. Er glaubt, in den Träumen seiner Patienten gewisse Figuren und Gestalten zu erkennen, die zwar durchaus in individueller Verkleidung in Erscheinung treten, die sich aber leicht und ohne Zwang auf einen gemeinsamen Nenner bringen lassen. Allen diesen Figuren und Gestalten ist gemeinsam: Sie lassen sich nicht aus der Biographie des Träumers erklären. Es muß also — meint Jung — im Unbewußten eine überindividuelle Domäne geben. Er nennt sie das »kollektive Unbewußte«. Weil nun Freud ein solches kollektives Unbewußtes negiert, ist er gezwungen, alle menschlichen und menschheitlichen Phänomene aus der individuellen Ecke zu betrachten. Und deshalb vermag er nicht zu einem wirklichen Verständnis kollektiver und sozialer Phänomene wie Sprache, Recht, Sitte und vor allem der Religion zu gelangen. Die Figuren und Gestalten des kollektiven Unbewußten nennt Jung die Archetypen. Einen abschließenden Katalog der Archetypen hat er nie vorgelegt. Eine Reihe von ihnen hat er allerdings detailliert und in immer neuen Anläufen beschrieben, so etwa den »Schatten«, die »Anima« beziehungsweise den »Animus«, den »Alten Weisen«, das alle Archetypen umspannende »Selbst«. Diese und noch andere Archetypen sind äußerst schwer interpretierbare Zeichen, welche das ungeheure, die psychisch-geistige Herkunft der Menschheit ausdrückende Reich des kollektiven Unbewußten strukturieren. Was sie von allen individuellen Gestaltungen des Unbewußten unterscheidet, ist ihre spezifische Mächtigkeit, eine Mächtigkeit, die beschreibbar wird nur mit Ausdrükken, wie sie für religiöse Phänomene üblich sind: Die Archetypen besitzen eine numinose Macht, sie wirken in der Weise des Faszinosum oder des Tremendum. Sie erscheinen in seltsamer Transzendenz. Alles in allem: die Archetypen haben religiöse Symptomatologie, sie sind kleine oder große Götter. Von daher ist es verständlich, daß Jung erklärt, die Erfahrung der Archetypen sei nichts anderes als religiöse Erfahrung, und religiöse Erfahrung sei eigentlich Erfahrung von Archetypen, ja noch mehr: Der Weg des Menschen zu sich selbst, der Weg des Menschen zu seiner Menschlichkeit, ist der Weg zu den Quellen. Und diese Quellen haben ihren Ort im kollektiven Unbewußten. Die Archetypen weisen den Weg zu den Quellen. Wer ihn geht, ist an sie und das heißt nun an die religiöse Erfahrung gewiesen. In diesem gedanklichen Zusammenhang verwendet Jung den Ausdruck der »Transzendenz«. Das kollektive Unbewußte nämlich ist dem Bewußtsein transzendent. Es ist zu beachten, daß Jung den Ausdruck nicht philosophisch, schon gar nicht metaphysisch braucht. Transzendenz in bezug auf das kollektive Unbewußte heißt nichts anderes, als daß dieses Unbewußte dem Bewußtsein nicht willkürlich zugänglich ist. Ich kann nicht beschließen, jenes weite Reich betreten zu wollen. Im Gegenteil: das kollektive Unbewußte dringt in mein Bewußtsein ein nach einer Gesetzmäßigkeit, die nicht aus dem Bewußtsein stammt, die aber sehr wohl von mir bewußt gemacht und bewußt verstanden werden kann. Es sind die archetypischen Figuren und Gestalten, durch die das Unbewußte ins Bewußtsein tritt. Es ist wesentlich für die religiöse Symptomatologie der archetypischen Erfahrung, daß sie nicht auf frei Gewähltes und frei Produziertes, sondern auf Eindringendes, Zufallendes, ja Übermächtiges trifft.

Es gibt nun für Jung zwei Weisen der religiösen, beziehungsweise archetypischen Erfahrungen, die mittelbare, indirekte und die unmittelbare, direkte. Beide sind — es sei nochmals betont — als religiöse Erfahrungsweisen Erfahrungen des einen »Gegenstandes« der archetypisch strukturierten Welt des kollektiven Unbewußten.

Die eine Erfahrungsweise, die mittelbare, ist dadurch gekennzeichnet, daß der Mensch nur indirekt, nämlich in positiven, schon vorgeprägten Formen zum Archetypischen vorstößt, und dies, ohne zu wissen, *daß* er zum *Archetypischen* vorstößt. Diese mittelbare religiöse Erfahrung tritt auf in der Gestalt der Kirchen, der Konfessionen, der positiven Religion. Sie ist zu verstehen und zu werten als »Ersatz« für die offensichtlich nicht jedem Menschen zugängliche unmittelbare religiöse Erfahrung. »Der Ersatz hat den offensichtlichen Zweck, unmittelbare Erfahrung zu ersetzen durch eine Auswahl passender Symbole, die in ein fest organisiertes Dogma und Ritual eingekleidet sind. Die Katholische Kirche erhält sie aufrecht durch ihre absolute Autorität, die Protestantische ›Kirche‹ ... durch Betonung des Glaubens an die evangelische Botschaft. Solange diese beiden Prinzipien Wirksamkeit haben, sind die Menschen erfolgreich verteidigt gegen die unmittelbare religiöse Erfahrung.«[9] Der Kirchenglaube und die Kirchenfrömmigkeit bewahren also den Menschen mit ihren Symbolen, ihren Dogmen, ihrem Ritual, das heißt mit dem ganzen vorgeprägten, »vorfabrizierten« archetypischen Material, vor den Gefahren der im Unbewußten lauernden, zwiespältigen, numinosen und gefährlichen archetypischen Gestalten, behüten ihn vor den »perils of the soul«. Die Kirche, ihr Dogma und ihr Kultus treten schützend zwischen das Individuum und das kollektive Unbewußte. »Die christliche Sphäre, wie überhaupt jede geschlossene Religionsform, hat die unzweifelhafte Tendenz, das Unbewußte im Individuum möglichst zu unterdrücken und damit auch seine Phantasie lahm zu legen. An ihrer Statt gibt die Religion . . . festgeprägte symbolische Anschauungen, welche das Unbewußte des Individuums vollgültig ersetzen sollen. Die symbolischen Vorstellungen aller Religionen sind Gestaltungen unbewußter Vorgänge in typischer, allgemein verbindlicher Form.«[10] Also: Eigentlich hat jeder Mensch Anteil am großen Reich des kollektiven Unbewußten; eigentlich ist er um seiner Menschlichkeit willen darauf angelegt, mit diesem Reich durch direkte religiöse Erfahrung in Verbindung zu treten. Der Gefährlichkeit dieser Verbindung wegen schaltet die Kirche in ihrer psychohygienischen Weisheit den direkten Kontakt dadurch aus, daß sie in Form von Symbolen, Dogmen und Ritualen dem Menschen das gefährliche Reich des Unbewußten, ohne das er als Mensch nicht leben kann, gewissermaßen in desinfizierter, in keimfreier Form zur Verfügung stellt.

Der Verdacht legt sich nahe, Jung wolle auf diese Weise einer Abwertung der Kirche, ja sogar ihrer Ablehnung das Wort reden. Damit aber würde man Jung und seine Haltung gegenüber der Kirche völlig mißverstehen. Denn für ihn sind weder Dogma noch Ritus Mauern, die den Zugang zum Gegenstande eigentlicher religiöser Erfahrung verschließen. Im Gegenteil: Dogma und Ritus bilden für bestimmte Menschen, welche unmittelbare archetypische Erfahrung in ein seelisches Chaos stürzen würde — und diese Menschen sind für Jung in großer Überzahl —, die einzige legitime Möglichkeit zu religiöser Erfahrung überhaupt und damit den einzigen Weg, auf dem solche Menschen zur Integration, zur Individuation, das heißt zu sich selbst, zu ihrer Menschlichkeit finden. Dogma und Ritus sind aus dem Unbewußten bereits herausgestellte Projektion des Archetypischen, vielfach begangene Wege, bewährte Formen religiöser Erfahrung. »Das Dogma ist wie ein Traum, der die spontane und autonome Tätigkeit der objektiven Psyche, des Unbewußten spiegelt. Ja man könnte sagen, Dogma und Ritus tragen den Niederschlag unmittelbarer religiöser Erfahrung derer auf sich, die das Dogma oder den Ritus schufen, oder in deren Reihen Dogma und Ritus entstanden.«[11] So ist verständlich, warum Jung gewisse Dogmen »unmittelbare Erfahrung« nennt und zugleich behaupten kann, diese Dogmen schlössen eine unmittelbare Erfahrung aus: Die unmittelbare Erfahrung, die sich im Dogma manifestiert, wurde eben durch die Dogmenbildung Gestalt; und als Gestalt, als Form ist sie mittelbar und mitteilbar geworden. Die Kirche gibt gewissen Menschen »die Mittel, sich mit dem Unbewußten mittelbar in Beziehung zu setzen ... Die Katholische Kirche verbindet diese Menschen indirekt mit dem Unbewußten, aber durch die Mittelbarkeit dieser Verbindung bewahrt sie sie vor der direkten Berührung damit und all den unberechenbaren Folgen, die aus der unmittelbaren Begegnung mit dem Unbewußten kommen könnten. Sie zieht die Archetypen an sich und schafft dadurch an Stelle des seelischen Chaos einen Kosmos.«[12] Ja noch mehr, mit der Bereitstellung von Dogmen, Zeremonien usw. schafft die Kirche für den Menschen so etwas wie eine schon längst begangene Spur zu sich selbst. Daß nun die katholische Kirche mit ihrem glänzenden Reichtum an Figuren des Archetypischen viel besser geeignet ist für die Vermittlung indirekter religiöser Erfahrung als die protestantische, welche den Menschen im Grunde genommen ja geradezu vor den brennenden Dornbusch, vor die direkte Entscheidung heischende Erfahrung Gottes stellen möchte und ihn damit dem Unbewußten preisgibt, ist ohne weiteres klar. Jung schätzt das katholische Dogma und Ritual als »Methoden geistiger Hygiene« in ihrer Wirksamkeit viel höher ein als die protestantischen Lehren und Institutionen. Der Protestant, dem in seiner Kirche nur eine kleine oder gar keine Möglichkeit mittelbarer religiöser Erfahrung vergönnt ist, hat dafür nach Jung die große Chance, direkte Erfahrung Gottes machen zu können. Ungeschützt durch die kirchliche Symbolik ist er den Gefahren des zwiespältigen kollektiven Unbewußten ausgeliefert. Aber gerade darin kann der Protestant heilsame Begegnung mit dem ihm frei begegnenden Unbewußten erleben.

Die andere Erfahrungsweise, die unmittelbare und direkte, scheint bei Jung also die große Möglichkeit des Protestanten zu sein. »Der Protestantismus war, und ist noch, ein großes Risiko, und zu gleicher Zeit eine große Möglichkeit. Wenn er fortfährt, sich als Kirche zu desintegrieren, so hat das den Erfolg, den Menschen all seiner geistigen Sicherungen und Verteidigungsmittel zu entblößen, welche ihn gegen die unmittelbare Erfahrung jener Kräfte sichern, die im Unbewußten auf Befreiung warten.« [13]

Gelingt es dem Protestanten aber, diesen Kräften seines Unbewußten bewußt zu begegnen, sie zu integrieren, so hat er in solcher direkten Berührung mit dem Unbewußten die Möglichkeit, zu sich selbst als Mensch und so zur Freiheit zu gelangen. »Es gibt für ihn keine Beichte, keine Absolution, keine Möglichkeit irgendwelcher Art von sühnendem opus divinum. Er muß seine Sünden allein verdauen.[14]« »Wenn ein Protestant den vollständigen Verlust seiner Kirche überlebt und doch noch Protestant bleibt, das heißt ein Mensch, der Gott gegenüber schutzlos ist und nicht mehr geschirmt durch Mauern oder durch Gemeinschaften, so hat er die einzigartige geistige Möglichkeit der unmittelbaren religiösen Erfahrung.«[15]

Der Protestant, das ist für Jung der Mensch, der die positive Religion, wie sie besonders deutlich im Phänomen »Kirche« zum Ausdruck kommt, hinter sich läßt, um »Gott gegenüber schutzlos« der gefährlichen Welt des Archetypischen direkt zu begegnen, um zu sich selbst, man könnte auch sagen: zu autonomer, freier Existenz zu gelangen.

Religiöse Erfahrung ist nicht stumm. Mittelbare Erfahrung verfügt über das glanzvolle Sprachvolumen von Dogmen und Ritualen. Die unmittelbare Erfahrung, die Erfahrung des Protestanten — und in ihm eigentlich des modernen Menschen — spricht eine bescheidenere, ja dürftigere Sprache. »Aber trotz alledem ist die individuelle Erfahrung, gerade in ihrer Armseligkeit, unmittelbares Leben, sie ist das warme, rote Blut, das heute pulsiert. Sie ist für einen Wahrheitssucher überzeugender als die beste Tradition. Unmittelbares Leben aber ist immer individuell, denn das Individuum ist der Lebensträger.«[16]

Diese Erfahrung spricht über die Selbstwerdung des Menschen, über die Möglichkeiten des Menschseins. Das heißt nun aber für Jung auch umgekehrt: Wo immer der Mensch über sein Menschsein, seinen Weg zu sich selbst spricht, nimmt er die Sprache der Archetypen, mithin die Sprache der religiösen Erfahrung in Anspruch. Jede Mitteilung von Möglichkeiten, unter denen der Mensch Mensch ist oder wird, ist religiöse Mitteilung. Und jedes religiöse Wort ist für Jung Mitteilung des »Menschenmöglichen«.

Diese Sicht nun aber enthält eine durchaus kraftvolle Kritik der Religion. Die große reiche Welt der religiösen Symbole wird ja hier verstanden als Projektion der Mitteilung des Menschenmöglichen. Wer diese Symbole, wer also Religion verstehen will, der darf ihre Ausdrücke und Gestaltungen nicht in der Projektion belassen. Der ist verpflichtet, alle Projektionen zurückzunehmen, zurückzuverwandeln. Religion verstehen hieße also für Jung Religion kritisieren. Nun ist aber für Jung das Verstehen kein erkenntnistheoretischer, sondern ein praktischer, therapeutischer Vorgang. Alles Verstehen hat »um des Menschen willen« zu geschehen. Und so müssen wir sagen: Das Religiöse verstehen heißt das Religiöse verbrauchen, konsumieren, verzehren. Nur im Vorgang des Verbrauchens und Verzehrens kann Religion wahrgenommen werden als das, was sie ist, als die Angabe des Ortes, wo der Mensch zu sich selber findet.

Der eminent kritische Vorgang solchen Verstehens tritt deutlich zum Vorschein da, wo Jung berichtet, wie Menschen, die in seiner Behandlung standen, von ihrer als religiös empfundenen Begegnung mit dem kollektiven Unbewußten, insbesondere mit dem Archetypus des Selbst sprechen. Sie erklären durchweg, sie seien in der Erfahrung des Archetypus des Selbst, dessen hochgradig religiöse Symptomatik sie unterstreichen, nicht zu einem Gott, aber zu sich selbst gekommen. Die Erfahrung des Archetypus des Selbst nötigt sie zu der Aussage: Das bin ich, so bin ich in Wirklichkeit.

Das bin ich, das ist der äußerlich dürftige, lebensmäßig aber kraftvolle Ausdruck, in welchem die Sprache der unmittelbaren religiösen Erfahrung ihre letzte Konzentration findet. »Wenn man zusammenfaßt, was die Menschen einem über die Erfahrung des Archetypus des Selbst erzählen, so kann man es so formulieren: sie kamen zu sich selber, sie konnten sich selber annehmen, sie waren imstande, sich mit sich selbst zu versöhnen, und dadurch wurden sie auch mit widrigen Umständen und Ereignissen ausgesöhnt. Das ist fast das Gleiche, was man früher mit den Worten ausdrückte: er hat seinen Frieden mit Gott gemacht, er hat seinen eigenen Willen zum Opfer gebracht, indem er sich dem Willen Gottes unterwarf.« [17]

In diesem Zusammenhang macht Jung eine auch für die Religionsgeschichte nicht unbedeutende Entdeckung: Seine Patienten, aufgefordert, ihr Zu-sich-selbst-Kommen, also ihre Heilung zeichnerisch oder malerisch darzustellen, kommen, ohne es zu wissen, auf Motive und Kombinationen von Motiven, wie sie religionsgeschichtlich aus dem Mittelalter und vor allem aus Asien unter dem Begriff des Mandala bekannt sind. Die Mandalas sind figürliche Darstellungen der dem Menschen begegnenden Gottheit. Ihre Darstellungselemente sind bezeichnenderweise die auf Gottessymbolik ausgerichtete Vierzahl (Windrose, Kreuz usw.), die Kugel und der Kreis. Im Zentrum solcher Mandalas findet sich immer ein expressives Zeichen für die Präsenz Gottes, im christlichen Bereich etwa das Auge Gottes oder die Christusfigur. In Jungs Patientenzeichnungen finden wir in reicher Fülle Vierzahl, Kreis und Kugel, nie aber in der Mitte ein Zeichen, das in irgendeiner Weise auf eine Gottheit hinwiese. Entweder ist die Mitte leer, oder sie enthält eine Symbolik, die unmißverständlich auf den Patienten selbst zeigt. Man könnte also sagen: Die direkte unmittelbare Erfahrung führt den Menschen durch das ganze positiv-religiöse Potential der Menschheit hindurch zu sich selbst. Oder anders: Der Mensch, der Protestant, der moderne Mensch braucht auf seinem Wege zum Menschsein das Material positiver Religion, nicht aber, um es am Ende seines Weges irgendeiner Instanz vorzuweisen, sondern um es als Wegzehrung zu verbrauchen. Das Ende der Wege Gottes, das Ende der Religion, ist nicht Gott, sondern der Mensch. Jung findet dafür eine kühne Formulierung: »Gott wurde Mensch.« Dieser Satz ist aber keineswegs im Sinne der christlichen Dogmatik gemeint; er drückt nicht die Inkarnation aus, sondern bezeichnet eine Metamorphose des menschlichen Bewußtseins: Die religiöse Größe »Gott« erweist sich im Gang sowohl individueller wie gesamtmenschlicher religiöser Erfahrung als eine Projektion, die, zurückgenommen und zum Bewußtsein gebracht, das Menschliche am Menschen signalisiert.

»Zuerst lebten die Götter in übermenschlicher Macht und Schönheit auf der Spitze schneebedeckter Berge oder in der Dunkelheit von Höhlen, Wäldern und Meeren. Später wuchsen sie zu *einem* Gott zusammen, und dann wurde dieser Gott Mensch. Aber in unserer Zeit scheint sogar der Gottmensch von seinem Throne herabzusteigen und sich im alltäglichen Menschen aufzulösen. Darum wohl ist sein Sitz (im Zentrum des modernen Mandala) leer.« [18]

Kein Zweifel: Hinter solcher Sicht steckt eine ähnlich starke religionskritische Kraft wie bei Freud. Sosehr sich die beiden Freunde auch auseinandergelebt und auseinandergedacht haben, sosehr sind sie in diesem Einen eins: Die Religion ist eine Durchgangsstufe, negativ für den einen, positiv für den andern, auf dem Wege des Menschen zu seiner Menschlichkeit [19].

Jung versteht die Geschichte der Religion als Gang analog demjenigen der Individuation des Einzelnen. Er ist zu beschreiben als ein Durchgang durch das Religiöse, als ein Verzehrungsprozeß. Auch in der positiven Religion, besonders im Christentum, muß und wird es dazu kommen, daß das Religiöse in all seinen Ausformungen als Objektivität fallengelassen, außer Geltung gesetzt und so relativiert und verbraucht wird. Das heißt: der Weg der Religion ist auch für Jung nichts anderes als der Weg einer sich ständig intensivierenden Säkularisation. Eine Religion, die diesen Weg nicht mutig geht, hat wohl früher ihre große Zeit gehabt, ist aber in der Moderne überhaupt nicht mehr imstande, religiöse Direkterfahrung zu ermöglichen. Sie konserviert höchstens Projektionen und nagelt so den Menschen auf unverdaubare, persönlich nicht mehr zu verantwortende Lehren und Institutionen fest. Hier setzt folgerichtig Jungs Kritik auch an der katholischen Kirche ein, die er aus andern Gründen durchaus loben kann, aber auch am Protestantismus, wo er sich als Kirche versteht: Die Kirchen lassen ihre Institutionen und vor allem ihre Dogmen in unveränderbarer Gültigkeit bestehen[20], verlangen für sie Glauben im Sinne des Gehorsams und verhindern so den lebendigen Prozeß der Erfahrung. Damit behaften die Kirchen den Menschen der Moderne auf einem Stadium der Menschheitsgeschichte, das er eigentlich überwunden hat oder um der Menschlichkeit willen endlich überwinden müßte. Dem Protestantismus, nicht als Kirche, sondern als Prinzip, gibt Jung die große Chance, in fortschreitender Desintegration seiner Kirchlichkeit vorzustoßen zu wahrem, humanem Bewußtsein.

Bei Freud ist die Religion so etwas wie ein Irrtum der Natur, ein Umweg auf dem Weg des Menschen zu sich selbst. Bei Jung ist die Religion der einzig mögliche Weg, das unabdingbare Material, das allerdings keinen Wert und Sinn in sich selbst, sondern nur den einen Zweck hat, verbraucht zu werden.

Religion als Unglaube (dialektische Theologie)

Im Vorwort zu seinem Buch »Das Gebet« schreibt Alfred de Quervain (1948): »Mit diesem kleinen Buch hole ich etwas nach, was ich beim Schreiben des Buches ›Die Heiligung‹ versäumt habe. Es hat mich immer wieder bedrückt, daß darin nicht ausführlicher vom Gebet die Rede war.«[21]

Und Eduard Thurneysen beklagt sich in seiner »Lehre von der Seelsorge« (1946) darüber, daß die neueren Dogmatiker an der Lehre vom Gebet vorbeigehen und damit den praktischen Theologen im Stich lassen[22]. Offensichtlich ist das Gebet, einst ein zentrales Stück der Lehre, in jüngster Zeit an den Rand gedrängt worden.

Das Vorwort von de Quervain drückt deutlich genug die Verlegenheit der dialektischen Theologie aus, für die der Graben zwischen Glauben und Religion unüberbrückbar geworden ist. Sie hat mit dem Phänomen der Religion so gründlich abgerechnet, daß sie mit ihr und ihren Gestalten, besonders der des Gebets, nichts mehr anzufangen weiß. Ein alter und erklärter Feind dieser dialektischen Theologie, Kurt Leese, hat die Verlegenheit drastisch und sarkastisch herausgestellt:

»Es will uns so scheinen, als ob zwischen der kurzen Nachblüte der theologischen Ära A. Harnack—E. Troeltsch —A. Schweitzer, die der Bewältigung großer historischer Fragen zugewandt war, und der jüngsten Gegenwart ein Vakuum liegt, wenn man die Invasion der pseudodialektischen Theologie, die mit dem Jahre 1919 anhebt und jetzt auseinanderkriselt, mit diesem Ausdruck bezeichnen darf. Natürlich verrichteten die theologischen Disziplinen ihre Arbeit weiter. Aber das historische und weit mehr noch das systematische Interesse am neueren Protestantismus verblaßte vielfach jäh vor der allgemeinen Rückwendung der theologischen Wortführer zur Gottes- und Christus-, zur Wort- und Schrift-, zur Sünden- und Gnadenlehre der Reformation als dem ausschließlichen Standort, von dem aus sich allein verlohne, ein Christ zu sein. Was danach kam, der Zeitraum zwischen 1530 und 1930 ward mit wenigen Ausnahmen als Zersetzung und Verfall eingeschätzt. Man rüstete sich zu stattlichen Leichenbegängnissen: ›Religion‹, ›Mystik‹, ›Religionsphilosophie‹, ›Humanismus‹, ›Aufklärung‹, ›Idealismus‹, ›Romantik‹, ›Historismus‹, ›Neuprotestantismus‹ und ›liberale‹ Theologie wurden beigesetzt. Der Text der Grabreden lautete:

›Wie bist du vom Himmel gefallen, du schöner Morgenstern‹ (Jesaja 14,2). Daran schloß sich der stereotype Lasterkatalog, sie hätten Menschenvergötterung getrieben und über Gott ›verfügt‹, statt Ihn über sich verfügen zu lassen usw.«[23]
Wie kam es zu diesen Leichenbegängnissen? Eine Antwort geben hieße, die Geschichte der dialektischen Theologie mit ihren Vertretern, mit ihren mannigfaltigen Herkünften beschreiben. Das ist hier gänzlich unmöglich. Dafür sollen wenige Motive genannt werden, die vielleicht doch einiges Licht abgeben.

1. Ein Motiv für das Zustandekommen dessen, was sich dann dialektische Theologie nannte, besteht zweifellos darin, daß Männer wie Karl Barth, Emil Brunner, Friedrich Gogarten u. a. durch den Umbruchcharakter der Zeit nach dem Ersten Weltkrieg zutiefst beunruhigt waren. Eine ganze Epoche lag im Todeskampf, die Gestalt einer neuen ließ sich nicht erkennen. Die Gegenwart, bestimmt durch die Verzweiflung an der alten und durch den Zweifel, ob ihre Generation eine neue Epoche heraufzuführen imstande sei, war eine Zeit »zwischen den Zeiten«. Vor kurzem noch sakrosankte politische und soziale Strukturen lagen zerbrochen. Das große 19. Jahrhundert, das Jahrhundert des Paternalismus, wie wir heute sagen würden, mit allem, was es an seinem Ende an viktorianischer Bürgerlichkeit und autoritärer Macht noch vorzuführen wußte, schien definitiv vorbei. Im aufkommenden Nationalsozialismus, mit dem für Millionen von Menschen eine ganz neue Zeit und eine ganz neue Weltordnung aufzuleuchten schien, sahen diese Theologen — wenn auch

keineswegs alle — nichts anderes als den von vornherein zum Scheitern verurteilten Versuch, mit dämonischer Brutalität all das gewaltsam noch einmal zum Leben zu bringen, was nach ihrer Diagnose längst seinen verdienten Tod gestorben war. Nur eine radikale Neubesinnung, nur eine totale Wende des Denkens, auch des theologischen Denkens, konnte in dieser Situation helfen. Der Mensch mußte von seinem hybriden Piedestal, das er sich aus politischer Macht, wissenschaftlichen, künstlerischen, ja auch religiösen Höchstleistungen gebaut hatte, entschieden heruntergeholt werden. Die Augen mußten ihm aufgetan werden dafür, daß alle massiven und alle noch so raffinierten und nuancierten Versuche, ihn als Herrn der Welt zu schildern, an der harten Wirklichkeit seiner radikalen Sünderschaft vorbeigingen: Gott allein führt den Herrentitel, der Mensch ist ein Nichts und selbst dann, wenn der Herr ihn gnädiglich annimmt, nicht mehr als dessen Knecht. Kein Weg führt nach oben. Total ist der Mensch darauf angewiesen, daß Gott den Weg nach unten geht. Die Theologie hat zu denken nur die eine Möglichkeit, die soteriologische, genauer: die christologische.

So begreiflich das alles war, so unübersehbar ist heute sein tragischer Aspekt: Der Paternalismus lag im Sterben, die Sprache, die er sprach, verlor in der Welt mehr und mehr ihre Kraft und Evidenz. Aber die dialektische Theologie leistete auf diese Sprache nur einen hälftigen Verzicht. Wer sagt, der eine sei Herr über den andern, oder: dieser oder jener sei zum Gehorsam einem dritten Menschen gegenüber verpflichtet, der trifft mit solchen Reden keine irdische Realität. Die

Sprache des Paternalismus hat aber in der dialektischen Theologie ihre kategoriale Berechtigung durchaus, wenn auch nur im Bezug auf himmlische Verhältnisse. Dort aber ist sie als strikt theo-logische Sprache die einzig adäquate. In ihr wird das personalistische Reden zur theologischen Kategorie schlechthin. Nur von Gott kann man sagen, er sei Herr. Wer das gleiche vom Menschen sagt, stürzt ihn in eine Katastrophe. Ich halte es für tragisch, daß hier einer Sprache, die sich in der Welt des Menschen überlebt hat, für den theologischen Gebrauch geradezu absolute und exklusive Dignität zuerkannt wird. Sie ist, sobald sie vom Menschen und seiner Welt spricht, von einem notwendigen Realitätsverlust begleitet. Kein Wunder, daß solche Theologie, desinteressiert am »Nur-Menschlichen«, humane Phänomene wie die Religion oder das Gebet aus den Augen verlieren muß.

2. Parallel zu der ganzen Kulturskepsis und der damit verbundenen Ablehnung des Kulturprotestantismus erfolgt eine intensive Hinwendung zu den Quellen. Nur wer sich am Quell, am Ursprung orientiert, kann sich in der Zerrissenheit der Gegenwart überhaupt zurechtfinden. Dabei wird der Umgang, den die historisch-kritische Arbeit mit den Quellen pflegt, nicht geradezu verworfen, aber doch als ein vorläufiges Unternehmen hingestellt, dem gegenüber es darum geht, hinter allen historischen Quellen und Ursprüngen *die* Quelle, *den* Ursprung freizulegen. Die Exklusivität des Ursprungsbegriffs hebt den Charakter seiner Externität, seiner radikalen Transzendenz hervor. Die apostolische Zeit und die Reformation sind die historischen Orte, an

denen die Einmaligkeit des allen maßgebenden Ursprungs, der Offenbarung entgegentritt. Von diesen Ursprungszeiten her wird die Geschichte, namentlich die Kirchen- und Theologiegeschichte einem strengen Urteil unterworfen. Was der Ursprünglichkeit dieser Zeiten nahekommt, ist ponderabel; was sich von ihr entfernt, ist unerhebliche Zeit. Mehr noch: Was sich ausschließlich von der Ursprünglichkeit dieser Zeiten nährt, ist Kirchengeschichte, Geschichte der Kirche Christi; was von solcher Nahrung gelegentlich und beliebig lebt, weil es andere nicht verschmäht, ist bestenfalls interessante Geschichte des Unheils. Der von Leese aufgeführte Leichenkatalog gibt recht vollständig die Epochen an, die vor dem Tribunal der dialektischen Theologie nicht bestehen. Interessanterweise sind es zugleich die Epochen, die sehr wohl zu Phänomenen wie Kultur und vor allem Religion einen — wenn auch nicht unkritischen — Zugang hatten. Die Urteilssprüche über die Geschichte, die die dialektische Theologie dezidiert fällte, sind nicht unschuldig daran, daß mit der Religion zusammen auch das Gebet von der Liste elementarer theologischer Probleme gestrichen wurde.

Der ganze Prozeß, den die dialektische Theologie der Religion machte, fand gehörige Unterstützung durch die Verschiebung des Verhältnisses der europäischen und amerikanischen Gesellschaft zur Religion. Entkirchlichung, religiöse Gleichgültigkeit, zunehmende Enttabuierung dessen, was als christliche Moral gegolten hatte, usw. waren faktische Anzeichen dafür, daß die Religion effektiv mehr und mehr ihrem Ende entgegenginge. Mit der schroffen Entgegensetzung von

Glauben und Religion, mit der energischen Behauptung, der Glaube sei die Erlösung von der Religion (Leonhard Ragaz), schien die Theologie eine große Möglichkeit zu besitzen, den faktischen Religionsverlust des modernen Menschen aufzufangen. Der Christ als religionslos Glaubender und der sogenannte moderne Mensch nach dem Verlust seiner Religion gerieten in ein seltsames Verwandtschaftsverhältnis, wenn sie nicht sogar, was auch geschehen ist, identisch gesetzt wurden. Der theologische Gebrauch des Säkularisationsbegriffes, wie er mit Recht in neuester Zeit mehr und mehr in Frage gestellt wird (H. Blumenberg), förderte das Verständnis von Theologie und Kirche für die geistige Situation des religionslosen modernen Menschen. Allerdings auf höchst problematische Art, denn die Theologie hatte ja mit ihrer Neuentdeckung der Einmaligkeit ihres Ursprungs dafür gesorgt, daß das Verständnis für die Moderne und ihre Religionslosigkeit den Bestand ihrer eigenen Sache nicht im mindesten gefährden noch verändern konnte. Daß die Religion nicht aufhörte, Psychologen, Psychotherapeuten und Sozialwissenschaftler zu beschäftigen, das hat sie entweder nicht zur Kenntnis genommen oder als unerheblich abgetan. Vielleicht nicht zuletzt deshalb ist das Wort »psychologisch« in der dialektischen und in der darauf folgenden Theologie zum reinen Schimpfwort geworden.

Wie sich das alles auf die theologische Rede vom Gebet auswirkt, zeigen zwei Zitate:
Miskotte schreibt: »Wer, außer dem ganz naiven Menschen, betet noch? Dieser ist in das volle Licht der

Vernunft noch nicht gelangt, verblendet, wie er ist, durch seine Begierde, sein Glücksverlangen, auch durch seine egozentrische Himmelssehnsucht! So sprach vor ein paar Jahrhunderten der Philosoph, heute redet der Mann auf der Straße es ihm flott nach.«[24]

Wird der vorher skizzierte Zusammenhang hier noch beschrieben, so gelangt er in den folgenden Sätzen von Dorothee Sölle zu fast programmatischer Artikulation: »Beten gilt dem gegenwärtigen nachchristlichen Bewußtsein als Ersatzhandlung. Wenn der Kapitän in höchster Seenot sagt: ›Jetzt können wir nur noch beten‹, so entfährt dem Pfarrer der Ausruf: ›Sind wir schon soweit?‹ Der Witz bezeichnet exakt die moderne Situation. Gott wird überall dort eingesetzt, wo der Verstand nicht oder noch nicht hinlangt, das Gebet ist überall dort lebendig, wo mit unserer Macht nichts mehr getan ist. An die Stelle autonomen, verfügenden, weltlichen Handelns, das sich selbst verantwortet, tritt in bestimmten Grenzsituationen das Gebet — als Illusion, als Flucht, als Ersatzhandlung dessen, der zu wirksamem Handeln nicht fähig oder nicht willens ist. Als reaktives, nicht spontanes Verhalten, beladen mit allen Verdrängungen der Zukurzgekommenen, gleicht es dem Aufschrei des verprügelten Schuljungen: ›Ich sag's meinem großen Bruder!‹ Gebet und Verhalten geraten hier in einen Widerspruch, der das Gebet entlarvt — es wird dazu benutzt, ein Risiko zu sparen, eine Flucht zu beschönigen, eine Illusion zu erhalten.«[25]

Der Weg zurück, etwa in den Denkhorizont eines F. Heiler, ist versperrt. Die Möglichkeiten, den theologischen Zirkel ausschließlich bei der Offenbarung in Christus einzusetzen, die *quer* zur Erfahrung steht, haben sich erschöpft und führen nicht weiter. Es zeigen sich mehr und mehr Versuche, einen theologischen Ansatz *in* der Erfahrung selbst zu gewinnen; an jenem Ort also, an den ein nur stückweise sichtbar werdender, aber unabreißlicher Faden die Moderne führt. Einen dieser Versuche — er steht für viele — finden wir bei Heinrich Ott. Sein Thema ist bezeichnenderweise das Gebet.

Erfahrung – das Schlüsselwort der Moderne

Die Erfahrung wird in Neuzeit und Moderne mehr und mehr der zentrale Begriff, mit dem auch die Theologie in ihrer Bemühung um Wirklichkeit und Verifikation ihrer Aussagen einsetzt. Das zeigt sich gleich schon am Anfang des Vortrags von H. Ott, mit dem wir uns beschäftigen.

Gebet und Erfahrung (Ott)

»Die Frage, die wir stellen: nach der Wissenschaftlichkeit der Theologie, ist heute durch zeitgenössische Entwicklungen auf dem Felde theologischen Denkens eine überaus dringliche geworden. Die Antwort, die darauf zu geben sein wird: daß nämlich Theologie gerade als Wissenschaft im Gebet wurzle, verweist auf den Grund, der alle rechte Theologie zu allen Zeiten getragen hat.«[26]

Das ist der erste Abschnitt, gewissermaßen das Vorwort des Vortrags von Ott. Programmatisch wird herausgestellt, welchen Stellenwert das Gebet im Zusammenhang *modernen* theologischen Denkens einnimmt: Das Gebet bezeichnet den Ort, an dem in unmißverständlicher Weise die Frage nach der Wissenschaftlichkeit, damit nach der Diskursivität und der heutigen Verstehbarkeit *und* gleichzeitig die Frage nach dem Grund, der Sache der Theologie zur Debatte steht.

Wie ist Theologie als Wissenschaft zu verstehen? Wir verstehen »unter einer Wissenschaft ... die menschliche Bemühung um möglichst klare und vollständige Erkenntnis eines bestimmten Gegenstandsbereiches, welche sich in jedem Augenblick ihres Fortschreitens als ein möglichst kohärentes Ganzes, ein Gefüge von zusammenhängenden Sätzen, darstellt. Dieses Gefüge von Sätzen ist nicht autonom, sondern gründet in einer Grundlage, die ihrerseits nicht mehr aus wissenschaftlichen Sätzen besteht, und die Wissenschaft bleibt jederzeit an diese Grundlage gebunden.«

Eine solche Bestimmung von Wissenschaft ist für Ott geeignet, auch die Theologie, und zwar in ihrer Besonderheit, zu fassen. »Auch sie stellt sich dar als ein kohärentes, in sich folgerichtiges Gefüge von Sätzen ... Und auch sie ist als System nicht autonom, sondern gebunden an eine Grundlage, die ihrerseits den Charakter der *Erfahrung* hat.« Alles hängt nun davon ab, wie die Erfahrung zu verstehen ist, welche die spezifische Grundlage der Theologie bestimmt. Zwei Möglichkeiten bieten sich an. Beide aber verwirft Ott, weil sie zwar durch ihr Insistieren auf einer erfahrungsmäßigen Grundlage der Allgemeinheit eines umfassenden Wissenschaftsbegriffs, nicht aber der Besonderheit der Theologie Genüge tun.

Die eine Möglichkeit ist die »religiöse Erfahrung«. Ott lehnt sie ab, weil sie im besten Falle doch bloß — und darüber hat uns nach Ott die »theologische Entwicklung in den letzten fünfunddreißig Jahren ... endgültig« belehrt — den Menschen vor sich selbst, nie aber vor Gott stellt. Die zweite Möglichkeit, nämlich als Erfahrungsgrundlage den Textbestand der Bibel zu wählen, wird auch negiert. Als historisches Dokument ist die Bibel zwar erfahrbar, gibt so verstanden jedoch nur Auskunft über religiöse Erfahrung früherer Menschen.

Die Theologie aber hat es auch als Wissenschaft mit einem »Plus«, mit einem »Mehr« zu tun. Und das ist zu berücksichtigen, wenn nach der spezifisch theologischen Erfahrungsgrundlage gefragt wird.

Was also ist die Erfahrungsgrundlage, die die Theologie als Wissenschaft möglich *und* als Rede von Gott nicht unmöglich macht? Es ist das Phänomen des Gebets. »Wir vernehmen die Heilige Schrift als Gottes Wort, indem wir sie *betend* lesen, das heißt, indem uns ihre Zeugnisse im Horizont unseres Betens, unseres lebendigen Verhältnisses zu Gott, angehen.«

»Theologie als Wissenschaft hat ihre Erfahrungsgrundlage im Gebet. Sie ist ein System von Sätzen, welches eine in der Erfahrung des Gebetes anwesende Wirklichkeit denkend expliziert und erhellt.«

»Theologie ist gerade als Wissenschaft nur möglich auf Grund eines schon vorausgesetzten lebendigen Verhältnisses zu Gott. Sie ist nur möglich als die Theo-Logie des betenden Glaubens.«

Die Funktion, die das Gebet hier erhält, fordert und erlaubt eine Beschreibung dessen, was Ott unter Gebet versteht. Gebet ist »menschlicher Verkehr mit Gott«, ist vor allem *»reale Beziehung«*. Von »realer Beziehung« aber kann man nur reden, wenn man eine Beziehung zwischen zwei Personen im Blick hat. Die Voraussetzung, die Ott macht, ist nicht nur die eines göttlichen Gegenübers, sondern die eines Gottes, der selber spricht.

Gerade diese Voraussetzung ist konstitutiv für den Glauben. Darin übersteigt der Glaube alle Erfahrung, daß er sich von einem selber redenden Gegenüber, von Gott in seinem Wort ermöglicht weiß. Die aus keiner Erfahrung direkt abzuleitende Grundlage der Theologie als Wissenschaft ist also der Glaube. »Nun aber drängt der Glaube zum Gebet. Genau gesagt: Das Gebet ist nicht eigentlich ein Zweites neben dem Glauben, sondern die Ausdrucksform, ohne die der Glaube nicht ist. Im Glauben das Wort Gottes vernehmend, durch das Gott in die Beziehung eintritt, gibt der Mensch, indem er im Gebete selber zum Redenden wird, sich selber in die Beziehung hinein, gibt er auf Gottes Wort seine diesem Wort entsprechende Antwort. Glaube ist selber Gebet, gerade indem er Wagnis ist ... Gottes Wort ist nicht erfahrbar, es sei denn im Glauben. Der Glaube aber ist nicht erfahrbar, es sei denn im Gebet. Hier, im Gebet, ist er erfahrbar, hier ist auch Gottes Wort erfahrbar, aber freilich nicht in der Weise der Selbstgewißheit ..., sondern in der Weise der Anrede, der ›reinen Beziehung‹. Das Gebet ist eine Erfahrung sui generis.«

Ich fasse zusammen: Zur Wissenschaftlichkeit irgendeiner Wissenschaft gehört es, daß ihr Gegenstand eine Erfahrungsgrundlage besitzt. Ohne Erfahrbarkeit des Gegenstandes gibt es keine wissenschaftliche Erkenntnis. Wie steht es nun mit der Theologie? Ihr Gegenstand ist der Glaube. Aber der Glaube ist gerade nicht ein der Erfahrung zugängliches Phänomen. Er setzt

voraus, was aus keiner Erfahrung sich ableiten läßt: daß dem hörenden und redenden Menschen ein real redender Gott unendlich vorangeht.
Also muß die Theologie auf Wissenschaftlichkeit verzichten? Keineswegs! Der Glaube entzieht sich nur so lange der Erfahrung, als er nicht betet. Wird er gewissermaßen ins Gebet genommen, tritt er in die Erfahrung ein. Das Gebet gewährleistet der Theologie also beides: die Erfahrungsgrundlage ihres Gegenstandes, damit ihre Wissenschaftlichkeit *und* die Bewahrung ihrer transzendentalen Eigenheit und Eigentlichkeit. »So hat das Gebet seine ›dialektische‹ Stellung zwischen dem Erfahrbaren und dem Unerfahrbaren. Als vom Menschen gewollte und gefühlte und also erfahrene Anrede an Gott steigt das Gebet doch über den Bereich aller Erfahrung hinaus. Das Gebet ist diejenige Erfahrung, welche wesenhaft Offenheit zum Unerfahrbaren hin ist. Vorausgesetzt, daß wir diesen spezifischen, einzigartigen Modus der im Gebet stattfindenden Erfahrung wohl bedenken, können wir sagen: Gott ist im Gebete erfahrbar. Daß Gott ist, ist eine Erfahrungstatsache. Und auf dieser Erfahrung ruht die Theologie. Sie expliziert als Wissenschaft die hier erfahrene Wirklichkeit, das heißt aber, sie expliziert die Wirklichkeit der Gottesbeziehung.«
Mit alledem aber sind noch nicht alle Funktionen, die Ott dem Gebete zuweist, zur Darstellung gelangt. »Das Gebet bildet nicht nur die Grundlage, auf der sich Theologie aufbaut, sondern die Theologie als Wissenschaft hat in ihrem Vollzuge den Charakter des Gebets. ... So ist denn Theo-Logie als ›Rede von Gott‹ gar nicht anders möglich denn als ›Rede zu Gott‹. Darin liegt

ihre Einzigartigkeit: daß sie im Unterschiede zu jeder andern Wissenschaft ein *Du* zu ihrem ›Gegenstande‹ hat. Und darin wird auch die Eigengesetzlichkeit ihres Wissenschaftsbegriffs begründet sein.«

Das Gebet macht also den Gegenstand der Erfahrung, um den es in der Theologie geht, in seiner ihm und nur ihm allein eigenen und ihn bestimmenden Eigenart deutlich: Nicht ein »Es«, ein Neutrum ist der erfahrene Gegenstand der Theologie, sondern ein personales Wesen, ein »Du«. Das Gebet erfährt Gott als Du. Ott geht so weit, in einer geradezu verblüffenden Unkenntnis der von ihm angesprochenen Gegner oder Gesprächspartner zu behaupten, nur die Theologie ließe das Du, nämlich Gott, als Du bestehen. »Wo immer sonst das Du, die Du-Beziehung zum Gegenstande wissenschaftlicher Betrachtung gemacht wird, sei's in der Psychologie oder in existentialer Analyse des Daseins, verwandelt sich das Du sogleich in ein ›Es‹. Die Theologie allein läßt das Du, nämlich Gott, als Du bestehen. Sie muß es stehen lassen und kann darum nie zu einer ›objektivierenden‹, vergegenständlichenden Betrachtungsweise im gewöhnlichen Verstande werden.«

Für Ott ist also auch die Methode theologischen Denkens durch die spezifische Erfahrung des Gebets gegeben: Die Theologie darf nicht objektivierend oder distanzierend von ihrem Gegenstande, von Gott, reden. Ihre Sprache ist personalistische und engagierte Sprache. Das Gebet ist ein schlechthin personales Phänomen. Als solches bestimmt es die Denkweise und die Sprache der Theologie. Es nötigt die Theologie zu einer Sprache der Echtheit, Unmittelbarkeit und Eigent-

lichkeit, die die Wirklichkeit Gottes und des Menschen durch Vorstellungen und Objektivierungen nicht verstellt, sondern sie in ihrer Ursprünglichkeit, weil in ihrem Ursprung, ins Licht rückt.
Aus alledem ergeben sich für Ott Konsequenzen, von denen einige hier nur noch skizziert werden sollen. Da die Theologie eine »sehr ›existentielle‹ Angelegenheit, selber Bekenntnis, selber eine Tat des Glaubens, selber ... Begegnung mit Gott« ist, darf sie sich niemals verstehen als »ein existentiell bzw. glaubensmäßig neutrales, abseits stehendes Betrachten des Glaubens aus Distanz, ein Reden *über* den Glauben, das nicht selber eine wesentliche Äußerung des Glaubens wäre«.
Von dieser Konsequenz aus ergibt sich eine Frage, die zu einer weiteren notwendigen Folge führt. Die Frage nämlich, ob die Aussagen einer Theologie, welche sich als Gebet, als Bekenntnis bestimmt, überhaupt noch in Diskussion gezogen werden können. Ott meint, daß der existentielle Charakter der Theologie eine Diskussion zwar nicht ausschließe, aber einen andern Begriff von Diskussion als den in den andern Wissenschaften üblichen bedinge. In der theologischen Diskussion geht es nicht um Beweise. Warum? »Der erbrachte Beweis nimmt die Verantwortung ab. Ein bewiesener Satz kann nachgesprochen und muß nicht mehr verantwortet werden. In der Theologie ist jeder Satz zu verantworten, in der Verantwortung vor Gott, die nur in der Haltung des Gebets möglich ist.«
Indem sich also die Theologie, vom Gebet auf personalistische Kategorien vereidigt, als »eine sehr existentielle Angelegenheit«, als engagiertes Denken im Ur-

sprung darstellt, führt sie ihren Dialog, ihre Diskussion mit allen möglichen Gesprächspartnern, und das heißt doch wohl auch mit andern Wissenschaften im Horizont der Verantwortung. Das aber heißt: Sie ist — immer von den Folgerungen aus, zu denen ihre Grundlage im Gebet sie zwingt — durchaus geneigt zur Diskussion, aber nur zu einer solchen, die nach Spielregeln ergeht, die von ihr selbst zuvor aufgestellt worden sind. Ob die andern darauf eingehen?

Eine dritte Konsequenz: Der Maßstab, an dem die Theologie ihre Wissenschaftlichkeit mißt, kann nicht der Beweis, sondern muß die Verantwortung sein. »Die Strenge der Verantwortung aber findet ihren Niederschlag in der strengen Form der Darstellung: im System. . . . System und Methode vermögen eine theologische Aussage zwar niemals zu ›beweisen‹, wohl aber sprechen sie für deren Verantwortbarkeit. Sie können mindestens anzeigen, daß eine theologische Aussage nicht blindlings ins Blaue hinein, sondern in wissender Verantwortung ausgesprochen ist . . .« Ott äußert sich in seiner Vorlesung über das Gebet nicht ausführlich zu der Frage, wie man sich das von ihm postulierte System vorzustellen habe. Immerhin gibt er die folgenden Andeutungen: »Die Forderung liegt nahe, Theologie sei darzustellen als ein System von analytischen Sätzen. Denn sie kann nichts aussagen, als was in ihrer Erfahrungsgrundlage schon enthalten ist. Sofern nun diese Grundlage nichts anderes ist als das Gebet, die konkrete Beziehung zum Du, sind alle möglichen Prädikate theologischer Urteile in einem immer wiederkehrenden Subjekt schon enthalten, nämlich in dem betend erfahrenen, durch Jesus Christus, den offenba-

ren Gott, vermittelten Grundverhältnis zwischen Gott und Mensch, das auch durch alle Aussagen des biblischen Zeugnisses nicht erweitert oder relativiert, sondern nur erläutert werden kann.«
Die drei skizzierten Konsequenzen hängen nicht nur notwendig zusammen, sie signalisieren einen ganzen theologischen Denkhorizont. Dieser Denkhorizont tritt nirgends deutlicher zutage als dort, wo Ott andeutet, wie er sich eine Theologie als System vorstellt. Gefordert wird ein System analytischer Sätze. Warum? Weil die Theologie nichts aussagen kann, »als was in ihrer Erfahrungsgrundlage schon enthalten ist«. Man ist nun im Blick auf das Phänomen der Erfahrung eigentlich und zunächst geneigt zu denken, daß die Erfahrung eine unabmeßbare und prinzipiell nie zum Abschluß zu bringende Zahl von Varietäten und Möglichkeiten in sich birgt, die sich zwar tatsächlich nur in analytischen Sätzen ausdrücken, nie aber in einem diese Sätze umgreifenden System fassen läßt. Weiter noch: Wenn das Gebet die Erfahrungsgrundlage der Theologie als Wissenschaft präsentiert, wieso sollen dann »alle möglichen Prädikate theologischer Urteile in einem immer wiederkehrenden Subjekt schon enthalten« sein? Wäre das Gebet ernstlich und konsequent an Erfahrung verwiesen, so wäre gar nicht einzusehen, warum nicht im Gegenteil eine unendliche Vielzahl von Subjekten geradezu zu konstruieren ist, auf die sich die verschiedensten theologischen Prädikate ungleichmäßig verteilen. Warum also plädiert Ott so entschieden für das eine Subjekt, für das »Grundverhältnis zwischen Gott und Mensch«? Weil dieses eine Grundverhältnis, dieses eine Subjekt aller möglichen Prädikate quer zu

aller Erfahrung offenbar und vermittelt ist durch das eine Subjekt Jesus Christus. In diesem einen Subjekt Jesus Christus ist für Ott inhaltlich bestimmt, was er vorher formal mit dem der Erfahrung nicht zugänglichen »Glauben« bezeichnete. Die nicht aus der Erfahrung ableitbare Grundlage der Theologie ist, *weil* sie eben ihre Herkunft jenseits der Erfahrung hat, eine geoffenbarte und darin eine nur christologisch zu fassende.

Damit aber tritt deutlich an den Tag, daß die Theologie nur sehr scheinbar, wenn nicht gar scheinheilig sich unter die andern Wissenschaften mischt. Erinnern wir uns an den Satz: »Dieses Gefüge von Sätzen ist nicht autonom, sondern gründet in einer Grundlage, die ihrerseits nicht mehr aus wissenschaftlichen Sätzen besteht.« Dieser Satz erlaubt es Ott, der theologischen Fakultät ihren Platz an der Universität zu bewahren: Alle Wissenschaften haben eine Grundlage, die sich nicht aus wissenschaftlichen Sätzen zusammenfügt, so auch die Theologie. Daß alle andern Wissenschaften ihre Grundlage — wie immer sie es auch im einzelnen anstellen mögen — niemals von einer autoritativen Offenbarung, die ihre Autorität von einem uniken Subjekt bezieht, ableiten, das blieb bei Ott unerwähnt. Das aber macht gerade das Problem aus. Wenn die Theologie die Erfahrung nur gerade so lang ernst zu nehmen gewillt ist, als sie ihr Eigentliches, das in keiner Erfahrung aufgeht und von keinerlei Kriterien der Erfahrung verifizierbar ist, nicht stört, dann steht es solcher Theologie schlecht an, sich in den Reihen der Wissenschaften behaupten zu wollen. Sie ist dann ein Unternehmen, das sich der Erfahrung und der Wissenschaftlichkeit aus lediglich apologetischen Motiven bedient. Sie will dann, soweit es ihr als Offenbarungskunde möglich ist, die sämtlichen Mittel der Wissenschaft dafür einsetzen, ihre letzthin unerfahrbare Grundlage, ihre quer zu aller Erfahrung stehende Sache so darzustellen, daß diese Sache von der zweifelnden Kraft wissenschaftlichen Denkens nicht verletzt und nicht verändert wird.

Daß eine Diskussion theologischer Aussagen nur auf einer Ebene ausgetragen werden kann, die von der Theologie selber zum voraus als die einzige angegeben wird, daß sachgemäß nur in einer Sprache diskutiert werden kann, deren Kategorien nicht dem Erfahrungscharakter, sondern der Offenbarungsherkunft aller Theologie entsprechen, daß von allen, die sich an theologischer Diskussion beteiligen, ein prinzipieller Verzicht auf Distanz und ein Engagement verlangt werden: das alles kennzeichnet das Otts Vorlesung zugrundeliegende Denken als ein apologetisches. Dieses Denken ist getragen von einem nicht mehr hinterfragbaren Interesse, die Größe »Offenbarung in Jesus Christus«, die einmalig, imperfektibel und für alle Zeiten identisch mit sich selbst dadurch ist, daß sie einmal geschehen ist, in ihrer ausschließlichen Absolutheit zu bewahren. Zu diesem Interesse steht das ganze Instrumentarium der vorgeführten Theologie in obligatem Zusammenhang: Ihm dient die Sprache der Eigentlichkeit, der distanzlosen Spontaneität, der Ursprünglichkeit, der Verantwortung usw. Diese Sprache ist die Sprache des absoluten Anspruchs. Sie ist strukturiert von dem unbedingten Gegensatz von Heil und Unheil, Leben und Tod. Wer diese Sprache lernt, der allein kann richtig beten; das heißt, der allein wird vom Gebet in eben dieser Sprache absoluter Ansprüchlichkeit und Exklusivität bestätigt.

Was ist hier mit dem Gebet geschehen? Was hat man hier mit diesem seltsamsten, hilflosesten, himmelstürmendsten, bescheidensten und stolzesten Versuch des Menschen, sich im Wort dadurch zu verstehen, daß er sich von ihm distanziert, gemacht? Man hat das Gebet in einer Weise »umfunktioniert«, die es wohl als Formel im Jargon der Theologen, nicht aber als mögliche Gebärde des Menschen wiedererkennen läßt.

Um die Konturen heute möglichen Gebetes in den Blick zu bekommen, müssen wir uns zunächst Rechenschaft über die Bedeutung der Erfahrung und die Konsequenzen des Erfahrungsdenkens geben.

Im Folgenden sei der Versuch unternommen, im Blick auf das Phänomen des Gebets theologisch konsequent mit Erfahrung anzufangen und mit ihr nicht aufzuhören — auch dann nicht, wenn Verzicht sich aufdrängt und Verlust sich meldet. Zunächst wird es darum gehen, die Erfahrung, wie sie die Gegenwart bestimmt, zu skizzieren.

Erfahrung — der Gebrauch des Begriffs in der Moderne (Husserl)

Erfahrung ist das Schlüsselwort der Moderne — nicht in dem Sinne, daß sich in der Konzentration auf Erfahrung eine immer deutlicher werdende Einigkeit des Denkens in der Moderne abzeichnete. Aber auch der divergierendste und streitbarste Gebrauch, der in der

Moderne vom Begriff der Erfahrung gemacht wird (bei den Positivisten, den Phänomenologen, den Strukturalisten, den Existentialisten usw.), kann nicht darüber hinwegtäuschen, daß der moderne Streit um die Erfassung der Wirklichkeit einsetzt *bei* und *mit* der Erfahrung.

Es gibt — in aller Variationsfülle — so etwas wie einen typisch modernen Gebrauch des Wortes Erfahrung, einen Gebrauch, der nicht zuletzt dadurch typisch modern ist, daß er Umgang, polemischen Umgang mit der Geschichte des Begriffs verrät. Was bezeichnet nun den typisch modernen Gebrauch des Erfahrungsbegriffs? Ich kann hier nur antworten, indem ich vereinfache und auf Strukturen des Wortgebrauchs hinweise, ohne damit eine Harmonisierung möglicher Divergenzen zu intendieren. Es sind im wesentlichen drei Elemente zu nennen.

1. Erfahrung ist in der Moderne der Begriff, mit dem auf jene Evidenz abgehoben wird, die im Bereich des Gegebenen, des Vorgegebenen, besonders aber des individuell, singulär, einzeln Vorgegebenen an den Tag tritt. Singuläres, Individuelles tritt — als wahre oder falsche Gegebenheit — so auf, wie es auftritt. Darin besteht seine Evidenz. Der »Raum«, besser: das Bewußtsein, in dem solcher Auftritt evidenter Singularität erfolgt, ist die Erfahrung.

So kann etwa Husserl[27], den ich hier und im Folgenden deshalb beiziehe, weil er zu den bestimmenden Theoretikern des typisch *modernen* Erfahrungsbegriffs gehört, sagen: »Und Evidenz von individuellen Gegenständen macht im weitesten Sinne den Begriff der

Erfahrung aus. Erfahrung im ersten und prägnantesten Sinne ist somit als direkte Beziehung auf Individuelles definiert.« Modern ist dabei nicht der Satz, Erfahrung sei »direkte Beziehung auf Individuelles«, sondern die positive Bedeutung, die diesem Satz gegeben wird. Kant hätte durchaus auch so sagen können. Aber für ihn war es gerade die Beziehung auf Individuelles als die Beziehung auf Zufälliges, welche den Erkenntniswert der Erfahrung keineswegs leugnete, aber doch beschränkte. Es bedurfte deshalb für Kant eines erkenntnistheoretischen Überbietens der Erfahrung, eines Überbietens, in welchem die Vernunft ihrer selbst gewiß werden konnte. Von solchem Überbieten kann in der Moderne keine Rede sein. So versucht Husserl, gerade in den Erfahrungsurteilen die Basis aller Erkenntnisurteile darzustellen. Nicht das Ausgehen von der Erfahrung (Kant u. a.), sondern das Zurückführen auf Erfahrung gewährleistet wahre Erkenntnis.

Der Erfahrung eignet also darin, daß sie »direkte Beziehung auf Individuelles« ist, eine bestimmte Rationalität; sie ist »synthetisch«, »zusammengesetzt«, wie schon Kant sagte. Aber die Rationalität der Erfahrung, wie sie typisch ist im Verständnis der Moderne, ist nicht orientiert an einer umfassenden Weltvernunft noch an einer absoluten Wahrheit. Diese Rationalität der Erfahrung verdankt sich der prinzipiellen Auslegbarkeit und Ausgelegtheit individueller Vorgegebenheiten. Solche Rationalität vermag nicht »alles«, aber »einiges«. Sie realisiert sich denn auch nicht als reine Theorie, sondern als theoretische Praxis. Das aber heißt: Solche der Erfahrung eigene Rationalität setzt »experientia« dauernd um in Experiment. Experiment

aber ist nie *die* Lösung, *die* Antwort, sondern immer *eine* Lösung, *eine* Antwort.
Als Postulat so verstandener Erfahrung ist die Reflexion auf einen anderen Weg geschickt als jenes Denken, das Erfahrung überbieten will, weil es sich an umfassender, absoluter Wahrheit orientiert. Die Reflexion ist gewiesen auf den Weg relativer Erkenntnis. Ihr Vertrauen ist nicht Gewißheit, sondern Gelassenheit. Gelassenheit, welche darauf beruht, daß in der Reflexion sich die Erfahrung *als* Erfahrung wiedererkennt.

2. Die Erfahrung kann sich in der Moderne nicht als ein Erkenntnisvorgang verstehen, der an umfassender, absoluter, gar an Heils-Wahrheit orientiert ist. Von daher kann man lezten Endes nicht von *der* Erfahrung reden, sondern nur von Einzelerfahrungen. Dem individuellen, nicht absoluten Charakter ihrer Vorgegebenheiten entsprechend zeigt sich alle Erfahrung nur immer als einzelne Erfahrung.
Und doch ist es sinnvoll, alle Einzelerfahrungen mit dem Begriff *der* Erfahrung zu fassen. Denn alle Einzelerfahrungen haben unter sich das gemeinsam, daß sie sich auf Endliches richten, in gewissem Sinne also auf ein und dasselbe. Das Endliche aber, welches Erfahrung als Erfahrung bestimmt, ist nicht eine definite Größe, sondern rational allein zu begreifen von dem her, was ich später das *Geheimnis* der Endlichkeit nenne. Dieses Geheimnis der Endlichkeit nötigt die einzelne Erfahrung zur Reflexion, in der sie sich als *Erfahrung* versteht.
»Jede Erfahrung ist auszubreiten in eine Kontinuität

und explikative Verkettung von Einzelerfahrungen, synthetisch einig als eine einzige Erfahrung, eine offen endlose von Demselben. Ich mag für meine jeweiligen Zwecke an dem wirklich schon Erfahrenen genug haben, aber dann ›breche ich eben ab‹ mit dem ›es ist genug‹. Ich kann mich aber überzeugen, daß keine Bestimmung die letzte ist, daß das wirklich Erfahrene noch immer, endlos, einen Horizont möglicher Erfahrung hat von Demselben. Und dieser in seiner Unbestimmtheit ist im voraus in Mitgeltung als ein Spielraum von Möglichkeiten, als einen Gang der Näherbestimmung vorzeichnend, die erst in der wirklichen Erfahrung für die bestimmte Möglichkeit entscheidet, sie verwirklichend gegenüber anderen Möglichkeiten.«
Es geht also nicht darum, die einzelne Erfahrung zu überbieten durch eine »Erfahrung schlechthin«. Sie wird im Gegenteil, wo immer Einzelerfahrung einsetzt, nie aufhören, Einzelerfahrung zu sein und zu bleiben. Indem sie — sich im Prozeß der Reflexion als *Erfahrung* verifizierend — Abstand nimmt von Nicht-Erfahrung, realisiert sie sich stets als einzelne Erfahrung.

3. Der moderne Gebrauch des Erfahrungsbegriffs schließt ein Moment der Direktheit, ja der Unmittelbarkeit ein: Die Erfahrung ist insofern unüberbietbare Basis aller Erkenntnis, als in ihr eine direkte Wahrnehmung der Dinge, eine unmittelbare und elementare Begegnung mit der Welt stattfindet. Ja man kann sogar sagen: Alle mögliche Erkenntnis gründet in der Erfahrung, weil sich in ihr die Vorgegebenheiten aller möglichen Erkenntnis in ursprünglicher, direkter, unverstellter Weise selber zeigen. Dadurch hat denn auch

tatsächlich das moderne Erfahrungsdenken ein Denken in den Kategorien der Ursprünglichkeit, Unmittelbarkeit, Eigentlichkeit mit ermöglicht, wie es nicht zuletzt auf weite Strecken die heutige Theologie bestimmt.
Das gewisse Moment von Unmittelbarkeit und Ursprünglichkeit, das der Erfahrung eigen ist, darf aber gerade von einem konsequenten Erfahrungsdenken aus nicht zur *Kategorie* erhoben werden. Bei näherem Zusehen, das heißt in der Reflexion von Erfahrung, zeigt sich, daß auch die Unmittelbarkeit der Erfahrung durchaus nicht unvermittelt und die Ursprünglichkeit durchaus nicht erstmalig ist.
»Niemals vollzieht sich eine Erkenntnisleistung an individuellen Gegenständen der Erfahrung so, als ob diese erstmalig vorgegeben wären als noch gänzlich unbestimmte Substrate. Welt ist für uns immer schon eine solche, in der bereits Erkenntnis in der mannigfaltigsten Weise ihr Werk getan hat; und so ist es zweifellos, daß es keine Erfahrung im erstlich-schlichten Sinne einer Dingerfahrung gibt, die, erstmalig dieses Ding erfassend, in Kenntnis nehmend, nicht schon von ihm mehr ›weiß‹, als dabei zur Kenntnis kommt. Jede Erfahrung, was immer sie im eigentlichen Sinne erfährt, als es selbst zu Gesicht bekommt, hat eo ipso, hat notwendig ein Wissen und Mitwissen hinsichtlich eben dieses Dinges, nämlich von solchem ihm Eigenen, was sie noch nicht zu Gesicht bekommen hat. Dieses Vorwissen ist inhaltlich unbestimmt oder unvollkommen bestimmt, aber nie vollkommen leer, und wenn es nicht mitgelten würde, wäre die Erfahrung überhaupt nicht Erfahrung von einem und diesem Ding.«
Gerade Unmittelbarkeit und Ursprünglichkeit der Er-

fahrung sorgen — recht verstanden — dafür, daß die Erfahrung sich nicht von ihrer Geschichte dispensiert. Unmittelbarkeit und Ursprünglichkeit sind also Kennzeichen der Geschichtlichkeit der Erfahrung, damit Kennzeichen auch der Vermitteltheit von allem, was erfahrbar ist. In der Erfahrung feiert die Welt nicht Premiere. Erfahrung versetzt den Erfahrenden nicht in den Nullpunkt, nicht in den erstmaligen Ursprung aller Eigentlichkeit. Erfahrung ist durchaus direkte Beziehung zu ihren Gegebenheiten. Aber sie gewinnt diese direkte Beziehung erst im reflektierenden Umgang mit ihrer Geschichte. So drückt sie — gerade in der direkten Beziehung — die *Distanz* zu den Gegebenheiten aus, welche die Reflexion geschichtlicher Endlichkeit sowohl verlangt wie ermöglicht.

Der reflektierende, distanzschaffende Umgang mit der Geschichtlichkeit aller Erfahrung macht *Erfahrenheit*, bildet den *Erfahrenen*, den Weisen. So ist Erfahrung in ihrer Direktheit nur wirklich von Erfahrenheit her. Und der Erfahrende erfährt im strikten Sinne nur, insofern er auch ein Erfahrener ist.

»Jede Erfahrung hat ihren Erfahrungshorizont; jede hat ihren Kern wirklicher und bestimmter Kenntnisnahme, hat ihren Gehalt unmittelbar selbstgegebener Bestimmtheiten, aber über diesen Kern bestimmten Soseins hinaus, des eigentlich als ›selbst da‹ Gegebenen hinaus, hat sie ihren Horizont. Darin liegt: jede Erfahrung verweist auf die Möglichkeit . . ., nicht nur das Ding, das im ersten Erblicken Gegebene, nach dem dabei eigentlich Selbstgegebenen schrittweise zu explizieren, sondern auch weiter und weiter neue Bestimmungen von demselben erfahrend zu gewinnen.«

Erfahrenheit ist Rechnen mit dem Horizont der Erfahrung. Der Erfahrene macht Erfahrungen des Endlichen, indem er diese nicht als letzte Antworten, sondern als Möglichkeiten versteht. So ist Erfahrung für den Erfahrenen ein unabschließbarer Prozeß, in dem sich nicht letzte Lösungen und Antworten ergeben, in dem aber endliche Wirklichkeit stückweise und Schritt für Schritt diskursiv und mitteilbar wird.

Erfahrung versagt sich eine Definition des Menschen

Um zu zeigen, wie sich ein konsequentes Ausgehen von Erfahrung auf das anthropologische Denken auswirkt, wähle ich ein Beispiel: nämlich die Psychoanalyse von Freud. Genauer: Ich untersuche das Phänomen des »Unabsichtlichen« bei Freud.

In seiner »Selbstdarstellung«, einer späten Rückschau auf sein Leben, schreibt Freud, es sei nicht die Neigung zum Beruf des Arztes gewesen, die ihn habe Medizin studieren lassen, sondern »eine Art von Wißbegierde«[28]. Diese Bemerkung wird meistens biographisch gedeutet. Nicht das Helfen-Wollen, nicht das Mitleid, sondern der wissenschaftliche Eros, die unstillbare Neugier des Forschers sei wegweisend für das ganze Arbeiten von Freud gewesen. Es ist aber sehr zu fragen, ob diese kleine Bemerkung nicht mehr als ein bloß biographisches Detail enthält. Und ich meine durchaus, sie signalisiere weit mehr, nämlich einen grundsätzlichen anthropologischen Ansatz. Dem ist nachzugehen.

Eine Art von Wißbegierde leitet Freud schon in seinem Studium. Der Gegenstand dieser Wißbegierde ist zweifellos nichts Beliebiges, sondern der Mensch; aber deshalb, weil er eben nicht Gegenstand schon vollendeter Erkenntnis ist. Der Mensch ist die unbekannte Größe schlechthin. Man weiß viel über ihn, aber alles Wissen definiert ihn nicht. Freuds Interesse am Menschen tendiert nun nicht darauf, allem schon bekannten Wissen über den Menschen noch ein neues Stück, nämlich dasjenige Stück hinzuzufügen, das es endlich erlaubt, den Menschen abschließend zu definieren. Schon ganz früh ist Freud der Ansicht, daß der Mensch prinzipiell nicht definierbar und gerade darin das interessanteste Phänomen ist. Mit »Definition des Menschen« ist an ein philosophisches Verfahren gedacht, das es ermöglicht, im Horizont prädikativischer Urteils-Evidenz, im umfassenden Sinne und abschließend anzugeben, welches die allen menschlichen Erscheinungsweisen durchgängig zugrundeliegende »Idee« oder »Natur« des Menschen ist.

Je ernsthafter man sich also mit dem Menschen beschäftigt, desto brüchiger wird jeder Versuch, ihn oder sein »Wesen« oder seine »Natur« zu definieren. So gelangt Freud im Vollzug seiner Wißbegierde zu keinen definitorischen Formeln, er gelangt aber zu einer nie sich abschließenden Beschreibung von Entwicklungen, Lebensprozessen, von einer Geschichte, in der der Mensch erst Mensch wird. Solche Beschreibung — und das ist Freuds große theoretische Leistung — ist von eminent praktischer Bedeutung. Sie hat nämlich therapeutische Wirkung. Die Erkenntnis des Menschen ist für Freud nicht ein intellektuell-theoretischer Vorgang, der sich selbst genügt, sondern ein *Lebensvollzug*. Und genau dieser Lebensvollzug ist gemeint mit dem modernen Begriff der Erfahrung. Das aber heißt: Wer sich auf Erfahrung einläßt, der läßt sich gleichzeitig auf die Nichtdefinierbarkeit des Menschen ein. Warum?

Im Zugriff von Technik und Wissenschaft ist in der neuen und neuesten Zeit der Bereich des Menschenmöglichen ins Ungeheure ausgedehnt worden. Keine Grenze erweist sich als definitive. Grenzen verschieben sich derart und konstant nach außen, daß sie als Grenzen, die ein Außen überhaupt noch zu markieren vermögen, nicht zu denken sind. Grenzen haben nicht mehr den Sinn, ein Innen und ein Außen in ihrer Unterschiedenheit ansichtig zu machen. Sie sind vielmehr das movens, das Erkennen und Begreifen und Gestalten in unabschließbarer Bewegung hält. So bestimmen sie auch nicht mehr, was Innen ist. Es sind nicht nur Grenzen, die nicht mehr definit sind, sie definieren auch nicht mehr. Der von ihnen bewegte Mensch ist von ihnen nicht bestimmt. Er ist nicht bestimmbar, das »noch nicht festgestellte Tier«[29] (Nietzsche). Nichts, was zu tun oder zu denken wäre, kann er über sich hinaus nach außen delegieren, nichts von da erbitten. Keine Definition, die ihn von außen bestimmt, läßt ihn Ruhe finden und Gebet. Dauernd unruhig, dauernd von der Erfahrung erregt, wird er zum Schaffenden, zum homo faber. Das Werk, das stets zu tun die Erfahrung ihn nötigt, ist nicht auf ein von außen an ihn herantretendes Ziel orientiert. Das Werk definiert also den Menschen nicht, sondern ist vielmehr das Material, mit dem er sein Erfahren und damit seinen Lebensvollzug als die Geschichte, in der er Mensch wird, artikuliert. Daß gerade solche Artikulation von höchster therapeutischer Wirkung ist, das ist die Entdeckung Freuds. Wirklichen therapeutischen Effekt aber — und das ist auch Freuds Entdeckung — hat solche Artikulation erst, wenn sie entsprechend der »Ziel-Losigkeit« ihres Materials, nämlich des Werks, das der homo faber tut, auch ihrerseits radikal darauf verzichtet, eine zielgerichtete Absicht zu verfolgen. Oder anders gesagt: Die therapeutische Wirkung der Psychoanalyse beruht auf dem radikalen Verzicht auf die Definierbarkeit des Menschen. Ihre Kraft ist die Absichtslosigkeit. Der Vorwurf, die Psychoanalyse Freuds sei nichts anderes als eine neue Heilslehre, ist barer Unsinn. Wer wie Freud im strikten Bleiben in der Erfahrung auf jede abschließende Definition des Menschen, auf jedes Ideal und »Wesen« des Menschen, auf jede die Therapie leitende »natura« verzichtet, der verzichtet auch grundsätzlich auf jeden Begriff von Heil. Von Heil kann nur im Horizont möglicher Definierbarkeit gesprochen werden.

Mit alledem steht Freud nicht allein. Er ist markanter Vertreter eines Typs von Anthropologie jener Sicht, die maßgeblich beteiligt ist am Entstehen dessen, was wir die Moderne nennen. Aus der Fülle möglicher Belege dafür wähle ich einen besonders drastischen.

Friedrich Nietzsche: »Wir haben umgelernt. Wir sind in allen Stücken bescheidner geworden. Wir leiten den Menschen nicht mehr vom ›Geist‹, von der ›Gottheit‹ ab, wir haben ihn unter die Tiere zurückgestellt. Er gilt uns als das stärkste Tier, weil er das listigste ist: eine Folge davon ist seine Geistigkeit. Wir wehren uns andrerseits gegen eine Eitelkeit, die auch hier wieder laut werden möchte: wie als ob der Mensch die große

Hinterabsicht der tierischen Entwicklung gewesen sei. Er ist durchaus keine Krone der Schöpfung: jedes Wesen ist neben ihm auf einer gleichen Stufe der Vollkommenheit. Und indem wir das behaupten, behaupten wir noch zuviel: der Mensch ist relativ genommen, das mißratenste Tier, das krankhafteste, das von seinen Instinkten am gefährlichsten abgeirrte, — freilich, mit alledem, auch das *interessanteste*!«[30]
Wir sprachen vom Verzicht auf die Definierbarkeit des Menschen, den Freud leistet. Es ist nun wiederum nicht zufällig, daß Freud diesen Verzicht nicht etwa durch eine einmalige Erklärung leistet, sondern dauernd im Vollzug der eigenen therapeutischen Technik. Wie geschieht das?
Die psychoanalytische Technik beruht auf dem Prinzip der freien Assoziation. Freud läßt seine Patienten ohne anderweitige Beeinflussung eine bequeme Rückenlage auf einem Ruhebett einnehmen. Er selbst sitzt, »ihrem Anblick entzogen, auf einem Stuhl hinter ihnen. Auch den Verschluß der Augen fordert er von ihnen nicht und vermeidet jede Berührung sowie jede andere Prozedur, die an Hypnose mahnen könnte. Eine solche Sitzung verläuft also wie ein Gespräch zwischen zwei gleich wachen Personen, von denen die eine sich jede Muskelanstrengung und jeden ablenkenden Sinneseindruck erspart.«[31] Der Arzt hat kein Vorrecht, da er ohne Vorwissen um diesen Menschen ist. Er weiß nicht mehr, als was er von den Patienten hört.
Die einzige Verpflichtung des Patienten ist die zum freien Einfall. Das ist die analytische Grundregel. Der Haltung des freien Einfalls auf seiten des Patienten entspricht eine besondere Haltung des Arztes. Man

kann sie als Entspanntheit und gelassene Aufmerksamkeit beschreiben. Das heißt, vom Arzt wird eine Haltung gefordert, die zu der üblichen ärztlichen Haltung, welche auf Diagnose und therapeutisches Ziel aus ist und alles nicht in der Richtung des Zieles Liegende abzublenden versucht, in Widerspruch steht. Das Gegenstück zur psychoanalytischen Grundregel ist deshalb die Forderung, daß der Arzt sich jede eigene Zensur dessen, was der Patient sagt, verbietet. Der Arzt soll dem Unbewußten des Kranken sein eigenes Unbewußtes als empfangendes Organ zuwenden, sich also auf den Analysanden einstellen, wie der »receiver« des Telephons auf den »teller« eingestellt ist [32]. Mit all diesen Anweisungen wird dem Arzt durchaus keine passive Funktion übertragen. Die Aktivität, die von ihm verlangt wird, ist allerdings besonderer Art. Sie ist absichtslos und gerade darin von therapeutischer Wirkung. Sie ist gänzlich darauf gerichtet, dem Patienten zu helfen, daß er sich selbst als die Geschichte, die er erzählt, nacherlebend verstehen kann.

Damit ist das ganze psychotherapeutische Geschehen auf die Ebene der Sprache gerückt. Die unausgesprochene, aber durchgehaltene Voraussetzung der ganzen Psychoanalyse mit der Absichtslosigkeit ihres Vorgangs, mit dem Verzicht auf die Definierbarkeit des Menschen beruht auf einem durchgängigen Vertrauen in die Sprache. Freud glaubt an die therapeutische Kraft und an die grundsätzliche Verstehbarkeit der Sprache. Zu solchem Vertrauen hat ihn die ärztliche Erfahrung gebracht: Anfänglich beschränkte Freud die Freiheit des freien Einfalls. Er bat die Patienten, nur diejenigen Einfälle auszusprechen, die irgendeinen Zusammenhang mit ihrem Leiden hatten. Offenbar fürchtete er, ohne solche Beschränkung in ein sinnloses und nicht mehr verstehbares Sprachdickicht hineinzukommen. Diese Beschränkung bewährte sich aber nicht, so daß er bald den freien Einfall total freigab. Was war das Resultat? Je freier der Patient in seinen Einfällen sich ausdrückte, desto sicherer und verstehbarer kamen diejenigen Situationen des Menschen zur Sprache, welche seine Lebensgeschichte und in ihr seine Leidensgeschichte ausmachten. Der therapeutische Erfolg des gänzlich freien Einfalls beruht also auf einer ihm zugrundeliegenden Sachlogik. Man kann sagen: Freud gibt der Sprache gewissermaßen eine Chance, und er merkt, daß die Sprache diese Chance wahrnimmt. Die Sprache, im freien Einfall freigegeben, verliert sich gerade nicht, wie man zunächst denken möchte, an Tausenderlei und Beliebiges. Sie konzentriert sich vielmehr auf Eines, nämlich darauf, die Lebensgeschichte eines Menschen lebendig und mittelbar zu machen.

Freud legt alles Gewicht auf das *Aussprechen* des freien Einfalls. Im Aussprechen wird die Vergangenheit eine Größe von mehr als bloß historischem Interesse. Im Aussprechen erweist sich das Vergangene als wirkungskräftige Macht, die je und je die Gegenwart bestimmt, die den Menschen seiner Gegenwart und darin seiner Freiheit beraubt. Vergangenheit, die als Gegenwart wirkt, definiert, stellt fest, schlägt tot. Im Aussprechen aber des freien Einfalls, in dieser Freistellung der Sprache, kommt es zu einer Art von Metamorphose: Wo die Vergangenheit zur Sprache kommt, verliert sie ihre die Gegenwart usurpierende Kraft. Sie erhält im Aussprechen ihren eigenen Ort, das heißt, sie verwandelt sich in gegenwärtiges Wort. Sie ist nicht Gegenwart, nicht gegenwärtig, aber sie kann jetzt, gegenwärtig als Vergangenheit verstanden werden. Sprache gewordene Vergangenheit gibt Raum für gegenwärtiges Leben, ist Lebensgeschichte, in der der Mensch frei leben kann. Im freien Einfall und vor allem im Aussprechen des freien Einfalls kommt heraus, daß erst und allein die Sprache in ihrer konzentrierenden Kraft aus den tausenderlei Fakten und den beliebigen Tatsachen in einem Menschenleben das macht, was man humane Situation nennen könnte. Erst die Sprache also ermöglicht, daß aus der Fülle von Fakten Lebensgeschichte wird. Was Es war, muß Ich werden. Das ist ein verbaler Vorgang.

Es kommt dabei aber auch heraus: Im Aussprechen, im Formulieren erscheint ein rationales Element. Erfahrung verlangt Reflexion. Die ratio aber, die in dieser formulierenden Reflexion zur Anwendung kommt, ist eine spezifische: Sie ist nicht Weltvernunft *über* aller Erfahrung; sondern, gebunden an die Erfahrung, gibt sich ratio bescheidener: statt Zutritt zu letzter Wahrheit zu verschaffen, beleuchtet sie ein Stück Weg, den die Erfahrung wieder gehen kann.

Freud rückt also die Therapie auf die Ebene der Sprache. Nicht weil er in der Sprache eines unter anderen möglichen Heilmitteln erblickte, sondern weil der Mensch für ihn gerade in seiner Nichtdefinierbarkeit, in seiner Geschichtlichkeit, verstanden als Prozeß, in bestimmter Weise sprachförmig ist. In *bestimmter* Weise! Der Nichtdefinierbarkeit des Menschen, der Unabsichtlichkeit des analytischen Prozesses entspricht eine bestimmte, durchaus nennbare Form der Sprache. Und zwar ist es die deskriptive, erzählende Sprache, das *Epos*! Im Epos findet sich der Mensch je und je ein. Im Epos artikuliert der Mensch je und je sein Werk. Der Mensch ist für Freud als der, der immer wird, ein Epiker »von Natur«. Oder anders gesagt: Erfahrung versagt sich alle Definition des Menschen. Der unabschließbare Prozeß kennzeichnet sowohl die Struktur der Erfahrung selbst wie die Struktur dessen, der erfährt, nämlich des Menschen. Die Sprache, die solcher Struktur Form gibt, ist die epische. Erfahrung setzt nicht, sie erzählt.

Erfahrung versagt sich das Denken in der Kategorie des Heils

Zur Erfahrung gehört wesenhaft die Einsicht in die Begrenztheit ihrer Möglichkeiten. Die Grenzen der Erfahrung gehören zur Erfahrung hinzu, aber nicht als solche, die in dem Moment, wo einer mit seiner Erfahrung nicht mehr weiterkommt, erst aufträten. Die Grenzen sind mit dem Anfang von Erfahrung schon gesetzt. Sie bilden also nicht etwa den Gegenstand der Erfahrung, so daß diese sich wesentlich mit ihnen zu beschäftigen hätte, sondern sie sind Kontur der Erfahrung. Besser noch: Die Grenzen sind als Kontur die *Form* der Erfahrung. Erfahrung gibt es nur in dieser Form, das heißt nur in Grenzen, nur als endliche Erfahrung. Je intensiver also die Erfahrung endlicher Welt, desto prägnanter und griffiger wird ihre Gestalt und Form. Das aber heißt, je intensiver die Erfahrung, desto deutlicher wird ihre Grenze. Aber nicht als

Grenze, die ein Außen von einem Innen trennte, sondern als jene Endlichkeit, die neue Erfahrung sowohl erheischt wie ermöglicht.

Die Grenze bringt also die Erfahrung nicht zum Stillstand. Im Gegenteil: sie hält sie ständig zu neuer Erfahrung an. Gerade die Endlichkeit der Erfahrung macht den Menschen zum homo faber, zu dem, der sich als Schaffender, als Werkender verstehen und artikulieren muß.

Indem die Erfahrung nicht auf eine Grenze stößt, die sie als unverrückbare definiert, zum Abschluß und zur Ruhe bringt, indem vielmehr die Grenze treibendes movens der Erfahrung ist, gleichsam ihr Motor, indem die Grenze der Erfahrung kein Innen von einem Außen abhebt, sondern die Erfahrung als endliche formt, ist die Erfahrung dauernd genötigt, auf ihre Form und das heißt auf die Endlichkeit zu *reflektieren*. Reflexion ist also ein Postulat der Erfahrung selbst. Dieses Postulat hat seinen Grund in der Endlichkeit der Erfahrung. Das Unabschließbare, die Unausschöpflichkeit des Endlichen, das nicht aus dem Gegensatz zum Unendlichen heraus die Erfahrung formt, das ist die »verzehrbare Nahrung«, das rationable Material, das die ratio in Gebrauch nimmt und das zur Reflexion nötigt.

In einigen Punkten sei skizziert, was solche Reflexion herauszuarbeiten imstande ist.

1. »So wie Gesundheit und Krankheit nicht prinzipiell geschieden, sondern nur durch eine praktisch bestimmbare Summationsgrenze gesondert sind, so wird man sich auch nie etwas anderes zum Ziel der Behandlung setzen als die praktische Genesung des Kranken, die

Herstellung seiner Leistungs- und Genußfähigkeit. Bei unvollständiger Kur oder unvollkommenem Erfolge derselben erreicht man vor allem eine bedeutende Hebung des psychischen Allgemeinzustandes, während die Symptome aber, mit geminderter Bedeutung für den Kranken, fortbestehen können, ohne ihn zu einem Kranken zu stempeln.«[33]

Das ist ein beinahe klassischer Text in der neueren psychologischen Literatur. Hier wird ganz deutlich auf ein absolutes therapeutisches Ziel, wie es einer bestimmten Definition des Menschen entsprechen könnte, Verzicht geleistet. Mit der Erreichung der Leistungs- und Genußfähigkeit ist etwas höchst Relatives bezeichnet, ein Zustand, der sich mit den Kategorien eines Heilsdenkens gar nicht beschreiben noch negieren läßt, ein Zustand, der vielmehr von den jeweils dominierenden sozialen Verhältnissen als von irgendeiner absoluten Größe bestimmt ist. Diese Relativierung des therapeutischen Ziels hat aber den nicht zu übersehenden Vorteil, daß sie mit einer dauernden Veränderbarkeit der Menschenwelt, der sozialen Dominanten, rechnet. Was solche Therapie zu erreichen fähig ist, deckt gleichzeitig die Problematik der bestehenden Gesellschaft auf und zeigt in dieser Gesellschaft, was der Veränderung bedarf. Eine unbedingte Garantie für absoluten Erfolg gibt es nicht. Es ist aber auch nicht die menschliche Schwäche, welche das Erreichen eines absoluten Ziels immer wieder in Frage stellte; alles, was im Horizont solchen relativen Denkens versucht wird, ist eben *Versuch*. Als Versuch aber ist es der prinzipiellen Möglichkeit des Irrtums unterworfen. Oder anders, mit einem Ausdruck von Jürgen Habermas formuliert: Dieses Denken folgt der »Logik von Versuch und Irrtum«[34]. Und gerade darin versteht es sich als Erfahrungsdenken, daß es seine Form, das Endliche, reflektiert.

2. Mit der Relativierung des therapeutischen Ziels verbindet sich eine Relativierung des Unterschieds zwischen Krankheit und Gesundheit. Ein Blick in ein neueres Lehrbuch der Psychiatrie zeigt sofort, wie wenig qualitativ der Kranke vom Gesunden unterschieden wird. Man spricht von »Störungen« und deutet damit an, daß die Grenzen zwischen Krankheit und Gesundheit fließend sind. Das tönt für jeden heutigen Menschen selbstverständlich. Über solcher Selbstverständlichkeit darf man aber nicht vergessen, was sich im anthropologischen Denken mit der Relativierung der festen Größen »krank« und »gesund« ereignet hat. Das Denken über Gesundheit und Krankheit hat sich herausgelöst aus dem Horizont, in dem es früher angesiedelt war, aus dem Horizont von Heil und Unheil. Kranksein ist zwar kaum je identisch mit Unheil gewesen, und noch weniger wurde Gesundheit mit Heil direkt ineins gesetzt. Immerhin aber waren Gesundheit und Krankheit Zeichen, an denen Heil oder Unheil mehr oder minder deutlich abgelesen werden konnten oder anhand derer man sich Heil und Unheil veranschaulichen konnte. Die Therapie war daher genötigt, sich dauernd in Beziehung zum soteriologischen Denken zu bringen. Die Einsicht in die Nichtdefinierbarkeit des Menschen, mithin die Relativierung des therapeutischen Ziels ist in ihrer Bedeutung von der Theologie noch kaum wahrgenommen.

3. Medard Boss schildert in seiner »Einführung in die psychosomatische Medizin« den Verlauf einer Magersucht und fügt an die Krankengeschichte folgende Bemerkung: »Vielleicht hat darum ein Mensch, der auf dem Pfade einer Anorexie zu einem halben oder ganzen Suizid zu gelangen weiß, die Erkrankung an einer Tuberkulose oder an einer anderen Infektionskrankheit nicht auch noch nötig. Was aber wird — wäre dem wirklich so — aus den gewiß sehr zahlreichen Menschen, die bisher nur an Tuberkulose erkrankten, weil sie im Grunde keine Möglichkeit mehr sahen, ihre Existenz auf normgemäße Art zu ihrer Reife zu entfalten, wenn ihnen in Zukunft dank der hygienischen Maßnahmen und der modernen Antibiotica keine Tuberkelbazillen mehr zur Verfügung stehen? Wird dann die Zahl der Magersüchtigen entsprechend der Abnahme der Tuberkulosekranken zunehmen? Oder welche andere ›Krankheitswahl‹ müssen dann diese Menschen wohl treffen?«[35]
Ein eigenartiger Gedanke! Der Mensch, der absolut willens ist, alle Krankheiten zu besiegen, kommt in die prekäre Lage, keine Krankheit mehr zur Verfügung zu haben, an der er sterben kann. Deshalb muß er Selbstmord begehen, weil er keine Möglichkeit mehr sieht, sein Menschsein lebendig und das heißt sterbend auszudrücken. Diese Situation aber wird von Boss nur fingiert. Tatsächlich ersetzt der Mensch erledigte Krankheiten eben durch neue. Faktisch muß der Mensch, will er Mensch bleiben, Krankheiten erfinden. Si les maladies n'exitaient plus, il faudrait les inventer. Mit der Einsicht in die Relativität von Kranksein und Gesundsein verbindet sich die Einsicht in das, was ich die »pa-

thologische Struktur« des Menschen nennen möchte. Der Mensch, als Prozeß verstanden, lebt als »patiens«, als Kranker. Seine Geschichte ist eine »Krankengeschichte«. Es ist nicht erstaunlich, daß auch Freud sich solcher Einsicht nicht hat entziehen können. Er bemerkt, daß naturgeschichtlich das Leblose vor dem Lebendigen, das Anorganische vor dem Organischen den Vorrang habe. Deshalb wohne dem Lebendigen ein seltsamer Trieb inne, zu dem zurückzukehren, woraus es entstand. Diesen Trieb nennt Freud den Todestrieb [36]. Doch der Mensch *hat* nicht nur diesen Trieb, ja er kann darüber hinaus nicht nur um ihn *wissen*: das Spezifische am menschlichen Todestrieb ist, daß der Mensch um ihn wissen *muß*.

Wer also auf Erfahrung sich einlassend die Endlichkeit solcher Erfahrung reflektiert, der wird dieses *»Müssen«* an erster Stelle in Rechnung stellen. Das heißt, der denkt sich selbst, sich als Menschen, als ein Phänomen, das prinzipiell am Ende ist. Er denkt sich, den Menschen, an seinem Ende. Damit denkt er nicht etwa final, auf ein Ende hin, das seine Natur vervollkommnen könnte, er denkt sich, den Menschen, prinzipiell in jeder Stunde und an jedem Ort seines Lebens am Ende. Der homo faber, als den wir den Menschen der Moderne beschrieben, tritt als an seinem Ende, das heißt auch als der am Ende seines Werkes gedachte, und nur so als Mensch in Erscheinung. Könnte nicht dieser so verstandene homo faber der homo orans sein?

Die Reflexion der Endlichkeit hat uns zur Einsicht in die pathologische Struktur des Menschen geführt: Das Kranksein bezeichnet die Struktur menschlicher Endlichkeit.

Der Mensch ist immer krank. Die Frage erhebt sich, ob man nicht ebensogut sagen könnte: Der Mensch ist immer gesund? Innerhalb der Relation müßten ja die Sätze umkehrbar sein. Die Logik einer solchen Umkehrung aber ist eine bloß scheinbare. Denn würde man sagen: Der Mensch ist immer gesund, wenn auch relativ, so käme darin die Intention nicht an den Tag, die dem Ausgehen vom prinzipiellen Kranksein innewohnt. Der Mensch verliert durch sein Kranksein eben nicht eine ihm vorgegebene, ihn in ursprünglicher Eigentlichkeit bestimmende Gesundheit. Er nimmt vielmehr in seinem Kranksein seine Menschlichkeit als sterbliche und endliche wahr. Mehr noch: Der Mensch, prinzipiell als »patiens« verstanden, nimmt seine Menschlichkeit wahr als eine, die eingeordnet bleibt in die Geschichte der Natur. Das heißt, er bleibt, sich am Ende denkend, seiner Eingebundenheit in die Endlichkeit der Natur bewußt. Er ist die »ktisis«, die »seufzt« (Röm. 8,22). Er erfährt sich, seine Endlichkeit reflektierend, als den »Leidenden«, das heißt als »Sterbenden«. Die Nötigung zur Reflexion macht dieses »Leiden«, dieses »Sterben« als Leben aus. Sie erhellt einen Zustand menschlichen Lebens, zu dem Unheil und Heil weder bedrohliche noch erlösende Alternativen bilden.

4. Die Religion: Material und Wegzehrung für den Menschen auf seinem Weg, sagt Jung. Die Religion: eine pathologische Illusion, sagt Freud. Die Einsicht in die pathologische Struktur des Menschen wirft auf diese Sätze ein neues Licht. Die Religion wäre dann etwas, von dem der Mensch keineswegs erlöst werden müßte. Die Religion wäre dann ein Phänomen, welches

— deutlich wie wohl kein zweites — die pathologische Struktur als die menschliche Struktur offenbarte. Sie wäre eine Illusion. Aber gerade *wegen* ihres pathologischen Charakters könnte sie Hilfe sein für den Menschen, um seines Lebens willen das Krankhafte als seine Möglichkeit in der notwendigen »gesunden« Relativität zu halten.

Eine Religion, die auf ihren absoluten Bestand pocht und sich jeder Veränderung ihrer Gehalte entzieht, kann allerdings solchen Dienst nicht leisten. Religion, die diese Hilfe geben will, muß sich im Prozeß ihres Verbrauchtwerdens verändern lassen. Ob sich das Christentum das gefallen läßt oder ob es, namentlich in seiner protestantischen Form, sich weiter darauf versteift, im Affront gegen die Religion — und verbunden damit im Bleiben in soteriologischen Kategorien — sich aus allen Veränderungen herauszuhalten, ist eine Frage, die schwer lastet.

5. Ist das Christentum eine menschliche Größe, so ist es zugleich eine endliche. Ist es aber endlich, so ist es prinzipiell veränderlich und veränderbar. Es muß sich dann nicht so sehr nach neuer Mode kleiden, um modern zu sein, sondern es muß sich dort grundsätzlich verändern, wo seine Gestalt als menschliche und so als »leidende« kaum mehr zu erkennen ist. Ich will es direkt sagen: Es muß auf alle absoluten Ansprüche verzichten, wenn es als relativer Beitrag in der Diskussion der Gegenwart ernst genommen werden soll. Mit Dekreten und Deklarationen aber läßt sich solches nicht erreichen, sondern nur durch kritische Analyse der eigenen Kategorien. Analysiert und kritisiert werden muß

vor allem die soteriologische Kategorie, unter der alle theologischen Fragen sich an (sakramentalem) Heilsdenken und seinem absoluten Anspruch orientieren. Denn gerade die Soteriologie sorgte bisher dafür, daß die Erfahrung und der in ihr wohnende Mensch der Moderne nicht wirklich ernst genommen wurden. Gerade sie ist die Kategorie, der sich die Erfahrung entzieht. Die Erfahrung versagt sich eine abschließende Definition des Menschen; sie versagt sich ein Denken in den Kategorien von Heil und Unheil. Ist damit der Erfahrung dann nicht auch das Beten versagt?
Ich würde sagen: Nein. Diese Antwort erfährt ihre Begründung, wenn wir im Folgenden den Akt des Betens von seinen Funktionen her genauer beschreiben.

Reflektieren – die erste Funktion des Betens

Das Geheimnis der Wirklichkeit

Zur Erfahrung gehört unabdingbar die Einsicht in die Begrenztheit ihrer Möglichkeit — haben wir gesagt. Und: Erfahrung gibt es nur in Grenzen, das heißt, die Endlichkeit ist die Form der Erfahrung. Je intensiver die Erfahrung über Endlichkeit reflektiert, desto griffiger wird ihre Form.

Jetzt ist weiter zu sagen: Je intensiver die Erfahrung, desto deutlicher wird ihre Grenze, aber nicht als Grenze, die ein Außen von einem Innen trennt, sondern als das *Geheimnis der Wirklichkeit*, dem sich die Erfahrung verdankt.

Hat die Welt denn noch Geheimnisse? Und: Ist es noch sinnvoll, im Blick gerade auf die Erfahrung von Geheimnis zu reden?

Geheimnis ist nicht Rätsel. Wenn wir fragen: Ist die Welt enträtselt oder soll sie immer noch weiter enträtselt werden?, dann würde ich sagen: Ja, und zwar je mehr desto lieber. Die Welt soll nicht rätselhaft sein, sondern hell und klar und ohne Rätsel und den Menschen zuhanden.

Aber ohne Geheimnis? Nur ein ganz langweiliger Tropf kann behaupten, die Welt sei ohne Geheimnis.

Ich kann auch etwas strenger sagen: Wer behauptet, Erfahrung schließe Geheimnis aus, der hat noch nicht angefangen, sich auf Erfahrung einzulassen. Erfahrung als Erfahrung des Endlichen findet ihre Grenze. Aber die Grenze definiert sie gerade nicht, schließt sie nicht ab, sondern erweist sie als das Geheimnis der Wirklichkeit. Wer sich auf Erfahrung einläßt, der läßt sich auf das Geheimnis der Welt in ihrer Endlichkeit ein, wenn er seine Erfahrung reflektiert.

Die Grenzen bringen die Erfahrung nicht zum Stillstand; verstanden als Geheimnis, halten sie sie zu ständig neuer Erfahrung an. Indem Erfahrung nicht auf eine Grenze stößt, die sie abschließend definiert und zur Ruhe bringt, indem das Geheimnis das movens der Erfahrung ist, ist die Erfahrung verpflichtet und genötigt, über sich Auskunft und Rechenschaft zu geben. Es wohnt ihr die Nötigung zur Reflexion inne. Erfahrung, die sich der Reflexion nicht unterzieht, ist nicht imstande, die sie in Bewegung setzende Grenze, ihr Geheimnis als ihr »Wesen«, besser: als ihren Motor und den sie bewegenden Motor als ihre Grenze, als ihr Geheimnis zu erkennen. Sie erledigt sich selbst und hebt sich auf. Ideologie, Aberglauben und autoritäre Gewalt treten an ihren Platz und geben vor, Erfahrung zu sein. Reflektierte Erfahrung aber gibt dem Menschen die Möglichkeit, zu sich selber in ein verstehendes Verhältnis zu treten, indem sie ihm Distanz zu sich schafft. So gibt sie ihm Freiheit, sich zu verstehen als Endlichen in der Welt der Endlichkeit.

Daß der Mensch bei der Erfahrung bleibt und nicht austritt aus ihr, daß er also Erfahrung wirklich reflektiert, das heißt sie denkend auf sich bezieht, das bedarf eines

besonderen Denkvorgangs. Dieser Denkvorgang unterscheidet sich von andern nicht durch Qualität oder Intensität des Denkens oder durch die Beanspruchung bestimmter Kriterien, die den andern Denkvorgängen fremd wären. Die Spezialität dieses Denkvorgangs beruht darauf, daß in ihm die Rationalität der auf Endliches bezogenen Erfahrung zum wesentlichen Gegenstand des rationalen Denkens gemacht wird.
Oder anders gesagt: Der Geheimnischarakter des Endlichen will, damit die Erfahrung des Endlichen Form finde, gedacht werden. Die Übung solchen Denkens nenne ich Beten. Die Übung solchen Denkens ist die erste Funktion des Betens.
Ich bin mir bewußt, daß ich mich mit dieser Benennung außerhalb des Rahmens üblicher, ja klassischer Beschreibung des Gebetes begebe. Das Gebet wird doch meistens — das hat besonders Heiler gezeigt[37] — dargestellt als eine Gebärde des Menschen, die sich aus irrationalen Tiefen bewegt und gerade bloße Reflexion zu übersteigen und hinter sich zu lassen geneigt ist. Ein kurzer Text von Walter Nigg soll zeigen, wie im großen und ganzen das Gebet verstanden wird. »Das Beten ist von außen gesehen ein seltsames Tun im Leben eines Christenmenschen. Es ist eine religiöse Gebärde, die dem rationalen Verständnis nicht zugänglich ist. Die Bemerkung Kants: ›Derjenige, welcher schon Fortschritte im Guten gemacht hat, hört auf zu beten‹, ist aus der Welt des Rationalismus heraus gesprochen. In einer konsequent zu Ende gedachten rationalistischen Weltanschauung hat das Gebet kaum noch einen Raum. Es bewegt sich auf einer anderen Ebene als die Vernunft. Im Gebet tritt der Christ in einen andern Seins-

bereich ...« »Was beten heißt, läßt sich nicht mit Worten abschließend ausdrücken. Es ist eine Tätigkeit, die aus dem Herzen kommt. Jedes echte Gebet ist ein Herzensgebet.«[38]

Wenn ich dem Gebet nicht eine besondere Provinz zuweise, wenn ich es gerade nicht unter dem Gesichtspunkt der Herzenssprache darstelle, wenn ich ihm als erste Funktion die der Reflexion zuschreibe, dann geschieht das nicht aus bloßer Lust, dem Herkömmlichen zu opponieren.

Es müßte inzwischen klar geworden sein, daß ich mit meinem ganzen Denken über das Gebet so konsequent wie möglich bei der Erfahrung einsetze. Schließt aber ein Einsetzen bei der Erfahrung nicht das Beten als ein Element gerade soteriologischen Denkens aus? Sicher, Beten im üblichen Sinne, Beten als persönliches Gespräch zwischen Ich und göttlichem Du erübrigt sich. Da aber die Erfahrung Reflexion postuliert, da im weiteren dieses Postulat in einem besonderen Denkakt eingelöst wird, der durchaus künstlich eingeübt werden muß, wird die Frage laut, wie denn solcher Denkakt zu benennen sei. Ich nenne ihn Beten.

Erfahrung — es sei noch einmal gesagt — bedarf aus sich selbst heraus der Reflexion. Soll das Gebet an der Erfahrung orientiert sein, muß es selber reflektorischen Charakter haben. Ja es läßt sich in seiner Bezogenheit auf Erfahrung nicht anders darstellen denn als jenen Akt der Reflexion, in dem die Erfahrung ihrer Endlichkeit inne wird.

Diese Sicht des Gebets berührt sich in vielen Punkten mit Überlegungen, die Rolf Schäfer in seinem Vortrag »Gott und Gebet — Die gemeinsame Krise zweier Lehrstücke«[39] äußerte. Ich will auf sie eingehen, indem ich sie teils referiere, teils ihre Resultate aus dem Zusammenhang eigener Gedanken interpretiere.

Schäfer stellt zunächst fest, daß die christliche Lehre von Gott in eine aller Welt sichtbare Krise geraten sei, daß sich aber aus mancherlei Gründen die Lehre vom Gebet weitgehend außerhalb der Diskussion befinde. Schäfers Frage lautet: »Läßt sich eine parallele Entsprechung zwischen Gott und Gebet für den Fall aufdecken, daß beide aus dem Licht der Selbstverständlichkeit in das der Fraglichkeit gerückt sind?« Die Fraglichkeit des Gebets liegt durchaus auf der Hand: Es wird faktisch immer weniger gebetet, und selbst kirchentreue Christen haben es schwer, die Übung des Gebetes mit ihrem Wahrhaftigkeitsgefühl in Verbindung zu bringen.

Die stärkste Kritik richtet sich auf das Bittgebet. »Es ist — so sagt man — auf keine Weise wahrscheinlich zu machen, daß sich auf Grund des Bittgebets auch nur das mindeste am Weltlauf ändert.« Dieser Zweifel — das sei hier ergänzend eingefügt — hat schon früh auch im theologischen Denken über das Gebet zu einer Abwertung, ja Verneinung des Bittgebets geführt. Schleiermacher und Ritschl haben es je in ihrer Weise relativiert, ja negiert.

Sosehr sich das Dankgebet zunächst von den Vorwürfen, die gegen das Bittgebet erhoben werden, scheinbar fernhalten kann, sosehr weckt es das Wahrhaftigkeitsgefühl des modernen Menschen zur Skepsis anderer Art: »Wer gibt dem Menschen einen Anhalt, die ihm zum Leben dienenden Güter und das ihm hie und da zuteil gewordene Glück auf ein Du zurückzuführen? Welchen Grund hat er, daß er redend betet? Muß er nicht sich um der Wahrhaftigkeit willen solcher Überschwenglichkeit enthalten und statt dessen das göttliche Geheimnis in schweigender Andacht verehren?« Aber selbst diese schweigende Verehrung muß in Zweifel gezogen werden. »In einer letzten Stufe wird jede Beziehung zur Transzendenz als Selbsttäuschung durchschaut. Der Mensch ist in der Welt allein mit sich und seinesgleichen. ›Das Gebet ist die Selbstteilung des Menschen in zwei Wesen — ein Dialog des Menschen mit sich selbst, mit seinem Herzen‹, sagt Feuerbach. Und daß das Gebet nichts weiter als ein Selbstgespräch sei, ist nicht die Überzeugung eines einzelnen geblieben, sondern zu einem Axiom des Gefühls in uns allen geworden.«

So stellen sich einer Theologie des Gebets die größten Schwierigkeiten entgegen. Der Gegenstand einer solchen Theologie nämlich ist von so »persönlichem Charakter, daß die Lehre sofort daraufhin geprüft wird, ob sie verifiziert werden kann«. Das heißt mit andern Worten: Das Gebet als ein Akt des Menschen ist unabdingbar auf dessen Subjektivität ausgerichtet. Die Subjektivität aber findet zur Verifikation keine andern Kriterien als die der *Erfahrung*. Deshalb — meint Schäfer mit Recht — trägt es nichts aus, wenn man sich — was immer wieder geschieht — damit behilft, »daß man auf exegetischem Wege das Offenbarte als Gegenstand erschließt«. Gerade das Gebet als subjektiver Akt des Menschen bringt es an den Tag, daß es das subjektive, auf Erfahrung beruhende Wahrheitsempfinden ist, welches »den Zugang zu den an sich gültigen Wahrheiten öffnet oder verschließt«. Die Subjektivität eines Wahr-

heitsempfindens, das sich an der Erfahrung orientiert und mißt, wird hier bei Schäfer zum Thema theologischen Denkens. Ja mehr noch: zum Kriterium.
»(So) wird die subjektive Möglichkeit des Betens zum Kriterium für das Gebet überhaupt und damit auch zum Wahrheitskriterium der theologischen Lehre vom Gebet.« Die Subjektivität eines auf Erfahrung beruhenden Wahrheitsbewußtseins ist also das, was die beiden Krisen, die des Gebets wie die der Gotteslehre, ausmacht. »Die genannten kritischen Einwände gegen das Gebet haben nun in der Tat ihre eigentümlichen Parallelen im Bereich der Gotteslehre. Dem Zweifel an der Erhörung des Bittgebets entspricht der Zweifel daran, daß Gott durch Menschen bestimmbar sei und daß er den innerweltlichen Ablauf der Dinge mittels einer Wunderkausalität korrigiere. Ferner, die Scheu, Gott anzureden, hängt eng mit der alten Frage zusammen, ob der am Menschen gewonnene Begriff der Person auf Gott angewandt werden dürfe. Und schließlich, die letzte Reduktion des Gebets auf das Selbstgespräch des Menschen — mithin die Bestreitung jedes noch so schmalen Bezuges zur Transzendenz und sei es nur der einer schweigenden Verehrung — korrespondiert der Fraglichkeit des Gottesgedankens überhaupt.«
Das gänzlich auf Erfahrung bauende Wahrheitsempfinden und Wahrheitsbewußtsein des Subjekts führt die spezifisch neuzeitliche und moderne Krise des Gottesgedankens herauf. Diese Krise hat ihren formulierbaren und primären Ort im Gebet, respektive in der Unmöglichkeit des Gebets. An diesem Ort wird klar, daß Wahrheiten von theologischer Relevanz ihren »letzten Maßstab ... in der unmittelbaren Erfahrung« haben.

Die Frage nach Gott kann und darf also nicht im Direktgang aufgegriffen werden. Sie läßt sich nur stellen im Zusammenhang mit der sachlich prävalenten Frage nach dem Gebet und so nach einem Wahrheitsbewußtsein, welches das Subjekt unabdingbar an die Erfahrung weist. Das aber bedeutet, daß dem Beten in vordringlicher Weise die Funktion der Reflexion zuerkannt wird.

Schäfer möchte »das Geröll der Lehrgesetze«, und das heißt wohl die Direktheit theologischer Aussagen über Gott, beiseite schaffen, um im Blick auf das Gebet die Frage stellen zu können, ob der an Erfahrung gewiesene Mensch der Moderne »wahrhaftigerweise noch auf eine Transzendenz sich beziehen kann, oder ob uns dies endgültig verwehrt ist«. Dieser Versuch sei um des besseren Verständnisses willen hier im vollen Wortlaut wiedergegeben.

»Wir nähern uns diesem Teil unserer Aufgabe, indem wir bei einem scheinbar weit abliegenden Punkt einsetzen: mit der Erinnerung an die alte Bemühung um die Beweise von Gottes Existenz. Seit Kant steht fest, daß diese Argumente, wenn man sie als schlüssige Beweise nimmt, verfehlt sind, weil die in ihnen verwandten Kategorien nur auf Dinge in Raum und Zeit passen. Aber wenn auch die klassische Gestalt dieser Beweise dahin ist, so könnte doch in der inneren Nötigung, die sie hervorgetrieben hat, etwas Unvergängliches stecken, das auch unter veränderten Bedingungen unseres Denkens zum Begriff strebt.

Dieses Bestreben ist, wie ein Blick in das zeitgenössische religionsphilosophische Denken lehrt, auf mehrfache Weise im Gange.

Jener innere Antrieb kann sich in die altüberlieferte staunende Frage kleiden, warum überhaupt etwas sei und nicht vielmehr nichts, und so zum Sein gelangen, das als Grund und Abgrund alles Seiende sein läßt, selbst aber nicht zum Seienden gehört.

Der innere Antrieb kann sich ferner Ausdruck verschaffen in der Frage nach dem Sinn des menschlichen Tuns und Erkennens. Jedes Stück Welt, das wir bearbeiten oder erkennen, ist nur deswegen in sich sinnvoll, weil es aus einer größeren sinnvollen Einheit ausgegrenzt ist; so ist die Idee der Welt als in sich sinnvoller Inbegriff aller möglichen Dinge auch im kleinsten Bereich gegenwärtig. Woher aber empfängt diese Idee selbst ihren Sinn, wenn nicht von jenseits ihrer Grenzen, über die hinaus wir nicht denken können und doch immer wieder zu denken genötigt sind?

Der innere Antrieb kann endlich darin gesehen werden, daß der Mensch dort, wo er bei sich selbst ist — in seinem Sich-Verstehen —, von der Überlieferung ausgelegt und so der schaffenden oder verweigernden Macht der Sprache unterworfen ist.

Allen diesen Bestrebungen ist gemeinsam: Es sind nicht primär Gründe des Verstandes, die zu solchen Erwägungen zwingen — die Denkform der Ursächlichkeit wird ja auch ganz und gar beiseite gelassen. Es ist vielmehr ein überbegriffliches Bewußtsein der Abhängigkeit, ein Grundgefühl davon, daß das Ich samt seiner Welt sich einem Grund und Abgrund verdankt. Es kommt an diesem Punkt der Erwägung darauf an, wie es mit der inneren Wahrheit dieses Bewußtseins bestellt ist. Kann ein Mensch sich ihm entziehen? Offenbar nur dann, wenn er alles Seiende und sich selbst dazu auf die Produktivität seines Bewußtseins stellt. Denn wenn er auch nur eine ihn erzeugende Natur oder eine ihn umgreifende Gesellschaft als ihm übergeordnete Wirklichkeit namhaft macht, dann hat er auf seine Weise eine ihn tragende Wirklichkeit genannt. Dies aber, daß der einzelne sich getragen weiß und daß er sich ›verdankt‹, ist für uns wichtig. Es ist das schweigende Verehren oder — wie man es nennen kann — ein philosophisches Dankgebet. Den Namen des Gebetes wird man ihm nicht ganz absprechen können, weil es als die unbestimmteste Art des Betens auch in den höchsten Formen des Gebets mitschwingt.«

Bevor ich zu diesem Versuch ein paar Notizen anbringe, will ich noch die Konsequenzen, die Schäfer zieht, darstellen, soweit sie für unsern Zusammenhang von Bedeutung sind. Wenn Schäfer dem auf Erfahrung ruhenden Wahrheitsbewußtsein des Subjekts einen notwendigen Transzendenzbezug zuordnet, muß sich ihm die Frage aufdrängen, wie denn der Gegenstand aussieht, welchem dieser Bezug korrespondiert. »Darauf gibt es keine andere Antwort als diese: Der Gegenstand sieht so aus, wie die Handlung des Bewußtseins ihn erzeugt.« Diese Antwort erfordert die Unterscheidung »zwischen der Notwendigkeit, die am Sein, am Sinn oder an der Sprache sich entzündend überhaupt zum Transzendieren zwingt... und dem konkreten Anschauungsgehalt, mit dessen Hilfe das Denken der Transzendenz vollzogen werden kann«. Das Bewußtsein kann die unsagbare Transzendenz nicht anders sagen als so, daß sie ein Stück sagbare Welt als Bild verwendet. Zugleich aber muß das Bewußtsein, will es den ihm innewohnenden Antrieb zur Transzendenz durchhalten, den

Vorstellungsgehalt dieses Bildes wieder vernichten [40]. »Hat die Transzendenz sich dort offenbart, wo das Sein als gemeinsames Merkmal alles Seienden zum Rätsel wird, dann wird man das Bild des Seins als Metapher wählen — ebenso in den analogen Fällen das Bild des Sinngebenden oder der Sprache. Doch zugleich wird man das Bewußtsein wachhalten, daß der Grund und Abgrund selbst verschieden ist auch von diesen höchsten und äußersten Vorstellungen ... Es ist nämlich keineswegs so, daß die angeführten Begriffe ›Sein‹, ›Sinn‹ oder ›Sprache‹ allein das Vorrecht hätten, als Name für den Grund und Abgrund des Menschen und seiner Welt zu dienen. Sie haben dieses Recht nur, wenn die innere Notwendigkeit des Transzendierens sich an sie heftet.«

Und nun meine Notizen:

1. Ob die innere Nötigung, welche die in ihrer Argumentation erledigten Gottesbeweise hervorgetrieben hat, etwas »Unvergängliches« in sich birgt, möchte ich bezweifeln. Dieser kleine Zweifel will aber nichts an Schäfers wichtigem Grundgedanken ändern. Nämlich an dem Gedanken, daß — wie ich es nennen würde — in der rationalen Reflexion von Erfahrung ein Etwas steckt, das sich als Antrieb, ja als Zwang zum Transzendentalen auswirkt. Dieser Antrieb und Trieb ist in der »pathologischen Struktur« des Menschen zu lokalisieren und im Zusammenhang mit der menschlichen Nichtdefinierbarkeit zu beschreiben. Hier sei vorerst notiert: Die Erfahrung, insofern sie sich der Reflexion unterzieht, nötigt, ja zwingt um ihrer Endlichkeit willen das Denken zum Reflektieren über das Geheimnis.

Die Nötigung zu transzendentaler Selbstbesinnung, die aus der *Erfahrung* selber stammt, bildet kein Charakteristikum des menschlichen Denkens aller Zeiten, ist aber sehr wohl typisch, bezeichnend und damit verpflichtend für das Denken von Neuzeit und Moderne. Von daher erstaunt es nicht, daß gerade im Horizont des philosophischen Interesses an der Moderne die Frage nach dem hinter den Gottesbeweisen stehenden Antrieb diskutiert wird.

So kommt etwa Helmut Holzhey in einem Aufsatz über den ontologischen Gottesbeweis zu folgenden Schlußsätzen: »Die Behauptung eines letztlich Gewissen, der Beweis der Existenz Gottes, das Denken des Absoluten ist der *Frage* nach Gott gewidmet. Diese Frage stellt sich vor als *Resultat* des Kampfes der Vernunft um Gott; sie ist nicht mehr bloß ein Element dieses Kampfes. Da Gott kein beliebiger Gegenstand des Denkens sein kann, ist das Denken selbst in das Resultat seiner Bemühungen um Gott involviert ... Das Resultat der scheiternden Denkbemühung um Gott kann nur angeeignet werden, wenn die gemachte ›Denkerfahrung‹ im Denken selbst sich auslegt. Dazu bedarf es der Einsicht in den Zusammenhang von *Erfahrung* und *Frage*. An die Stelle des beweisenden Denkens Gottes tritt dank einer Erfahrung mit diesem Denken die Offenheit der Frage nach Gott. In der Explikation ihrer Struktur sollte das Erbe des ontologischen Gottesbeweises zeitgemäß interpretiert werden können.«[41]

2. Daß Schäfer den Vollzug des Antriebs zur transzendentalen Reflexion als Gebet bezeichnet, halte ich für außerordentlich wichtig. Es wird nämlich klar, daß sich

heutiges Denken über das Gebet sowenig wie heutiges Reden von Gott einfach auf Tradition, auf geschichtliches Herkommen berufen kann. Alles Pochen auf traditionelle Gestalt und Übung des Gebets und parallel dazu alle Apologetik im Rahmen herkömmlicher Gotteslehre nützen wenig oder nichts, wenn immer das Beten die der Erfahrung innewohnende *Frage* nach Transzendenz vollziehen will. Heutiges Denken über das Gebet, ja heutiges Beten selbst muß den Mut haben, gerade im Durchleuchten der Tradition dem Beten selbst eine neue Funktion zuzuweisen. Dabei geht es nicht um ein einfaches »Umfunktionieren«, sondern um den Versuch, durch Zuweisung einer neuen Funktion ein altes Phänomen in seiner Menschlichkeit, und zwar in seiner gegenwärtigen Menschlichkeit, freizustellen.

3. Der neuen Funktion, die dem Gebet gegeben wird, entspricht bei Schäfer die postulative Bemerkung, es müsse auch ruhigerem Besinnen »als unausweichlich erscheinen, die christliche Lehre von Gott umzubilden, wenn sie verständlich bleiben soll«.

Daß diese Umbildung am Phänomen des Gebets angesetzt wird, läßt vermuten, daß Schäfer sich auf dem Weg zu einer neuen »natürlichen Theologie« befindet. Dieser Weg wäre durchaus auch mein Weg. Doch läßt sich eine »theologia naturalis« nicht einfach aus ihrer geschichtlichen Vergangenheit herausholen und neu beleben. Die Umbildung der Gotteslehre in Richtung auf eine neue »theologia naturalis« kann sich niemals mehr direkt ergeben, sondern nur indirekt in der Analyse des »Antriebs«, der Notwendigkeit, mit der sich die Erfahrung einer transzendentalen Reflexion unterzieht. So wird die Umbildung der Lehre vom Gebet zur Voraussetzung der Umbildung der Lehre von Gott. Und ich meine, daß nur schon dadurch, daß dem Gebet die Funktion, Erfahrung (transzendental) zu reflektieren, zugeschrieben wird, gerade das Gebet als derjenige Ort erkannt ist, an dem es zur Veränderung nicht nur einzelner christlicher Lehren, sondern des Christentums im ganzen kommen kann.

Das Geheimnis und die Frage

Erfahrung, die sich der Reflexion nicht unterzieht oder die die Reflexion einem anderen als ihrem eigenen Bereich — zum Beispiel der metaphysischen Spekulation — überläßt, verkennt und überschreitet ihre Grenze. Sie verleugnet ihre Bestimmung zur Endlichkeit. Sie extrapoliert das Geheimnis, das sie in Bewegung hält, aus sich heraus. Solche Extrapolation verfälscht das Geheimnis — abgetrennt von der Erfahrung — zum zusammenhanglosen, losgelösten, absoluten Gegenüber, das der Mensch entweder entschieden negieren oder als ein Letztes, das quer zu aller Erfahrung steht, gehorsam anerkennen kann. Diesen Vorgang sehen wir etwa in der dialektischen Theologie oder in Heilers Buch über das Gebet, aber nicht nur da, am Werk. Hat sich dort die Erfahrung an der Letztheit »Offenbarung« zu orientieren, so bei Heiler an dem Ursprung »Leben«. In beiden Fällen darf sich die Erfahrung nicht mehr im Vorgang der Reflexion auf das ihr innewohnende Geheimnis, sondern sie muß sich auf ein ihr vorgesetztes und aufgesetztes Letztes in einem die Reflexion hinter

sich lassenden Übersprung richten. In beiden Fällen wird die Erfahrung »gekrönt« mit etwas, was zu ihr von außen hinzutritt. Erfahrung wird »geadelt« durch Titel, das eine Mal durch den der Offenbarung, das andere Mal durch den des Lebens. Solchen Ritterschlag oder solche Krönung aber hat die Erfahrung nicht nötig. Sie bedarf keiner Adelstitel. Sie bescheidet sich in republikanischem Stolz mit dem Endlichen und gründet ihr bürgerliches Recht auf das Geheimnis, das in diesem Endlichen wohnt. Der ihr inhärente Trieb zur Wahrheit drängt sie nicht dazu, die Wahrheit zu suchen in einem ihr vorausliegenden Ursprung, einer »Offenbarung« (Ritschl, Barth u. a.), in einem »Leben« (Heiler u. a.), aber auch nicht in einer umfassenden »Allgemeinheit« (Kant u. a.), die alle jenseits ihrer Grenzen liegen. Sie folgt dem Trieb zur Wahrheit, indem sie im Vertrauen auf die Rationalität ihres Vorgangs ihre Endlichkeit selbst, ihr Geheimnis reflektiert.
Das Transzendentale solcher Reflexion beruht nicht im Suchen nach Antwort, sondern im Finden von Fragen. So sind es die *Fragen*, worin das Beten seinen Auftrag zur transzendentalen Reflexion übernimmt und ausführt. Und die Erfahrung, auf die das Beten reflektiert, sorgt dafür, daß die Fragen sich als Fragen stellen und durchhalten. Genauso wie die Erfahrung es dem Menschen der Moderne verwehrt, sich und sein Leben von einer Definition, von einer »Idee«, von einer ursprünglichen »natura« her zu verstehen, genauso wie sie ihn nötigt, sich als Prozeß zu beschreiben, der durch keine Definition abgeschlossen werden kann, so verlangt die Erfahrung, daß die Fragen, in denen das Gebet laut wird, sich als reine Fragen vollziehen.

Fragen, reine Frage — was heißt das? Reine Frage formuliert sich nicht im Hinblick auf eine sie auflösende Antwort. Reine Frage läßt sich nie von einer intendierten Antwort her in definite Antwort umwandeln. Im Gegenteil: sie verwandelt alle Antworten, die sich ergeben mögen, sogleich wieder in neue Frage. So kommt sie nie zum Abschluß, nie zur Ruhe. Sie widersetzt sich hartnäckig einem jeden Denken in soteriologischen Kategorien. Denn die Wahrheit, auf die sie aus ist, hat prinzipiell keine Antwortstruktur und so auch keine »Heils«-Struktur. Die reine Frage, in der das Geheimnis der Endlichkeit zur Sprache kommt, intendiert also niemals eine umfassende Heilswahrheit, weder eine letzte Wahrheit noch eine einmalige Offenbarung.

Die Wahrheit selber hat Fragestruktur. Darin beruht ihre Rationalität, in der sich die Erfahrung einfindet. Indem das Beten sich im Horizont reiner Frage bewegt, nimmt es die Fragestruktur der Wahrheit und damit nun auch die Fragestruktur des nie abschließend zu definierenden Menschen ernst.

Das Beten bezeichnet den Ort, an dem die Wahrheit menschlich und die Menschlichkeit wahr werden kann. Es ist allerdings ein Ort der Relativität. Eine Wahrheit, die sich nur als Frage zeigt, ist eine relative Wahrheit. Sie gibt weder letzte Sicherheit noch unbedingte Gewißheit. Sie ermöglicht keine unverrückbaren Programme. Sie ist eher Weg als Heimat, eher Unruhe als Geborgenheit. Aber in alledem ist so verstandene Wahrheit in eminentem Maße geeignet, ein kritisches Prinzip abzugeben gegenüber aller sich in Antwort kleidenden Ideologie.

In diesem Gebetsverständnis spielt der Zweifel eine entscheidende Rolle. Ja ganz überspitzt kann man sagen: Nicht der Glaube, sondern der Zweifel selbst betet. Und der Zweifel — das ist seine positive Bedeutung — sorgt dafür, daß das Beten die Fragestruktur der Wahrheit und des Menschen reflektierend durchhält. So wird das Geheimnis der endlichen Erfahrung als bewegendes Geheimnis gewahrt. In der Frage, die es als reine Frage herausfordert, zeigt es sich als durchaus rationabel. Aber es bleibt dadurch, daß es sich der Rationalität der *Frage* und nicht jener der Antwort präsentiert, unverbrüchliches Geheimnis. Wird es zur Antwort, zur noch so reich ausgestatteten und Geborgenheit verheißenden Heilsantwort, pervertiert es zum Rätsel und Mirakel.
Um des Geheimnisses und damit um der Erfahrung selbst willen bedarf es jenes besonderen Denkaktes, in welchem die Reflexion der Erfahrung wach wird als Frage und sich als Frage wachhält. Dieser Denkakt stellt sich nicht von selbst ein. Er muß geübt werden. Noch einmal: Das *Beten* ist Einübung in solches Denken.

Beten als analytischer Vorgang

Es ist — ohne daß es deutlich ausgesprochen wurde — sicherlich klar geworden, in welch starkem Maße das Beten als ein analytischer Vorgang zu verstehen ist, als ein Prozeß, der die Psychoanalyse nicht etwa ersetzt oder gar überbietet, der aber mit der psychoanalytischen Situation vieles gemeinsam hat. Diese Gemein-

samkeiten sollen anhand eines kleinen Luthertextes kurz erörtert werden. Luther äußert sich in einer Predigt zu Johannes 16 über das Gebet:
»Sic mihi fit, quando ego sine verbis sum, non lego, non gedenck: nemo ist bey mir da heim, si lego psalmum, acquiro alias cogitationes. Ich hoff ein itzlicher solls also bey sich erfaren. Exemplum hoc quod externe orationes sol haben. Non papisticae. Ratio, quam invenietis vobiscum: adeo sumus incerti in nostris cogitationibus et wanckelmudig quando quis incipit speculari de deo an spruch, so ghets yhm gewislich also: quando vult de Christo cogitare crucifixo, sol er komen auff ein nackent weib odder auff ein golt perg vel in Hispaniam. Tenta cor tuum una hora et expecta, quales habiturus in ea hora cogitationes, Et gelobe dir selbs, quod velis cogitationes istas dicere ore. Si dicas mundo, so wurde sich zulauffen und mit keten binden, so ein iemmerlich dinge.«[42]
Wenn Luther vom Beter Anhalt an einem äußeren »Spruch« verlangt, liegt darin noch kein Unterschied zur Psychoanalyse. Auch die Psychoanalyse kennt durchaus ein Einsetzen bei vorgegebenen Sprachgebilden. Ja in gewissem Sinn ist für die Psychoanalyse der freie Einfall selbst in jeder Gestalt ein »verbum externum«, ein »Spruch« von außen, den es dann zu »biographisieren«, zu integrieren, zu verstehen gilt.
Der Unterschied zwischen der Gebetssituation, wie sie hier von Luther geschildert wird, und der psychoanalytischen Situation, die ihrerseits paradigmatisch ist für mein eigenes Gebetsverständnis, ist vielmehr der: Bei Luther findet das meditierende Beten einen einzigen Anhalt, den biblischen Text als *das* verbum externum.

Wer sich daran nicht hält, wer seine »freien Einfälle« nicht normieren läßt, der verliert sich im Wust und Dickicht der freien Einfälle. Ja mehr noch: der verkrampft sich in den Gebilden seiner Phantasie, die ihm nur allzu deutlich seine eigene Verfallenheit und Sünde vorhalten. So verdient der freie Einfall das tiefste Mißtrauen Luthers. Damit ist kein Heil zu erlangen. Das Heil kommt von außen. Es tritt dem fragenden Menschen in Form letzter, rettender Antwort entgegen. Das heißt, im Beten darf sich — nach Luther — der Mensch nicht der Produktivität seiner Phantasie überlassen. Er muß sein betend-meditierendes Fragen gestalten und ausrichten lassen im Hinblick auf die allein rettende Wahrheit. Das geschieht, indem er sein Beten formuliert anhand von »Sprüchen«, anhand biblischer Texte, und das heißt anhand von Texten, die in sich mögliche Externität tragen. Luthers Vertrauen richtet sich auf die »Sachlogik« der Schrift, also nicht auf die Sprache schlechthin, sondern auf die eine, Heilswahrheit in sich bergende Sprachgestalt der Bibel. Sie allein bringt »ins reine«. Sie allein verbürgt Heil.

Dagegen setzt die Psychoanalyse ihr Vertrauen in die Sachlogik der Sprache schlechthin. Nicht, daß sie von der Sprache Heil, Rettung oder Erlösung erwartete. Sie verläßt sich darin gänzlich auf die Erfahrung, dergestalt, daß sie von der Sprache, welche über die Erfahrung Rechenschaft gibt, »nur« eine relative, aber darin allerdings effektive Bereinigung der psychischen Verhältnisse erwartet, damit der Weg zu neuer Erfahrung freigelegt wird. Dieser Weg führt nicht zu letzter Antwort, sondern zu neuer Frage. Das macht das Besondere dieses Weges aus.

Genau das aber ist es, was die psychoanalytische Situation mit derjenigen des Betens, wie ich es verstehe, gemeinsam hat: Auch das Beten kommt gänzlich aus der Erfahrung. Es vermag aber diese Erfahrung nicht gesamthaft, nicht umfassend zu reflektieren. Gerade der Charakter der Endlichkeit, der alle Erfahrung konstituiert und sie als Einzelerfahrung zum Zuge bringt, läßt die Erfahrung immer nur als Stück, ja als Fragment in die Reflexion eintreten. Und so verschmäht das Beten die freien Einfälle nicht. Sie sind nicht die einzige, aber doch eine wichtige Form, in der die Endlichkeit, das Stückwerkartige, das Fragmentarische der einzelnen Erfahrung in den Blick tritt.

Die Reflexion der freien Einfälle, wie sie im Beten geschieht, gibt der Sprache eine Chance, die Chance, sich ständig wieder neu als Frage zu formulieren und so zu weiterer Erfahrung anzuleiten. Das Beten reflektiert in alledem über Erfahrung keineswegs unter methodischer Anwendung psychoanalytischer Technik und Terminologie. Es reflektiert allerdings aus einem Vertrauen in die auf neue Erfahrung abzielende Sachlogik der Sprache, aus einem Vertrauen, das es mit der Psychoanalyse gemeinsam hat. Es mag sein, daß dieses Beten denjenigen, der es übt, in besonders beschwerlichen Fällen dazu nötigt, sich nach Kontrolle und Hilfe umzusehen. Und es mag sein, daß dieses Beten seinen analytischen Charakter gerade dadurch manifestiert, daß es den Menschen weniger an den kirchlichen Seelsorger mit seinem ganzen Schatz von Heilswahrheiten als an den Psychotherapeuten weist.

Luthers Predigt über das Gebet verspricht sich alles von einer, von *der* Antwort. Von ihr ist Eigentlichkeit zu erwarten, genauer: die Eigentlichkeit der Personalität, die Eigentlichkeit der Situation vor Gott, coram deo. Sie ist sagbar, zu predigen und in der Predigt zu realisieren als *personales* Verhältnis zwischen dem personalen Ich des Menschen und dem personalen Du Gottes. So wird für Luther das christliche Gebet zum Ort schlechthin, an dem die Personalität Gottes ins Licht rückt, besser noch: an dem sich Gott als Person offenbart.

Sosehr es der analytischen Reflexion auch um die »Ich-Werdung«, man kann auch sagen: um die »Person-Werdung« des Menschen geht, sosehr ist in ihr diese Person-Werdung nur zu erreichen durch einen Rückzug aller Projektionen, durch »Liquidation« aller Antworten, durch Relativierung aller Heilswahrheiten, durch Verzicht auf absolute Unterscheidung von Uneigentlichem und Eigentlichem und in alledem durch einen stets stärker werdenden Verzicht auf die Kategorie des Personalen. Ähnlich das Beten: Insofern es seine Funktion wahrnimmt, nämlich Reflexion von Erfahrung einzuüben, verweist es nicht auf eine ursprüngliche Ich-Du-Situation. Im Gegenteil: Es verschließt sich um der Distanz willen, die es zugunsten der Reflexion nicht nur halten, sondern einüben muß, geradezu der Kategorie des Personalen.

Beten als Reflexion der Erfahrung orientiert sich an der apersonalen Größe »Geheimnis«, oder besser gesagt: Im Beten spielt sich die Reflexion der Erfahrung auf den Geheimnischarakter ihrer Grenzen ein. Beten also, sofern es Erfahrung nicht überspielt, sondern ihr verbunden bleibt, stellt dem Denken, auch dem theologischen Denken über und an Gott, nicht Personalität als *die* theologische Kategorie des Eigentlichen und Unmittelbaren zur Verfügung. Beten stellt gerade theologisches Denken darin, daß es die Reflexion auf den Geheimnischarakter der Erfahrung einspielt, heute vor die Frage nach einer Sprache, die der Apersonalität und Mittelbarkeit ihres möglichen »Gegenstandes« Rechnung trägt. Oder ganz kurz: Beten — im Horizont der Erfahrung verstanden — nötigt die Theologie heute dazu, konsequent nach Kategorien des Denkens und Redens zu suchen, die der Unpersönlichkeit des Geheimnisses, ja Gottes innewerden lassen.

Werner Weber zitiert in seiner Rede auf Alfred Andersch die folgenden Sätze des Dichters: »Dabei weiß ich nicht einmal genau, ob es Gott gibt. Aber ich habe immer zu ihm gebetet. Zwischen den Häusern von Vejano habe ich gebetet: Laß mich zu Dir in die Wildnis entkommen! Hilf mir! Laß mich allein sein mit Dir!«[43] Das unausgesprochene Leitwort dieser Sätze heißt Erfahrung. Erfahrung, die — vom Gebet formuliert — durch die Welt trivialer Pseudoerfahrung und voreiliger Ideologie hindurchführt zum Geheimnis, zur Wildnis Gottes. Nicht mit Flucht aus der Welt in irgendein Außen ist solches »Entkommen« zu verwechseln. Mit Recht schreibt Werner Weber zu diesen Sätzen von Andersch: Hier »verlieren die Gebärden des Weggehens, des Aussteigens, des Fliehens — von diesen Zeichen her verliert die Gebärde der Desertion alles Episodische, alles pikant Zufällige. Sie wird zum Gestus des Betens, des Betens um die Freiheit der Wahl, um die Freiheit zum Alleingang in der Wildnis Gottes.«[44] Ich würde hinzufügen: Hier gerät mit dem Gestus des Betens der Mensch unserer Tage, wenn er der Erfahrung als der ihm allein entsprechenden Möglichkeit vertraut und treu bleibt, vor das Geheimnis und damit vor einen alle Personalität abstreifenden Gott. Eben: in die Wildnis Gottes, nicht in sein Eigenheim!

»Das Ich muß viele Götter anerkennen, bevor es zur Mitte kommt, wo kein Gott ihm mehr gegen einen anderen hilft.«[45]

Der Sozialpsychologe Alexander Mitscherlich hat in die Zusammenhänge zwischen analytischer Reflexion und der Notwendigkeit, im Reden von Gott auf die Kategorie des Personalen zu verzichten, einiges Licht gebracht. In seinem Buch »Auf dem Weg zur vaterlosen Gesellschaft« untersucht Mitscherlich unter anderem die Formen der Regression, wie sie für die heutige nachpaternistische Konsumgesellschaft typisch sind. Er versteht das regressive Verhalten einer Gesellschaft, die sich nicht mehr an einer Vaterautorität orientieren kann, als »eine Folge des Verlustes einer Umwelt, an der viele Generationen geformt hatten, im Verlauf einiger weniger Jahrzehnte«[46]. Der Verlust dieser Umwelt und die Reaktion auf ihn lassen sich folgendermaßen darstellen: »Numinose und profane Herrschaftsformen hatten eine Einheit hergestellt, die alle etwas anging. Die Aufklärung in ihren vielfältigen Aspekten hat diese Einheit zerbrochen; sie ist jetzt für die Millionen nur noch an rätselhaften Spuren und in einer fast unverständlichen Sprache ahnbar. Wiederbelebungsversuche, in denen ein Zurück zur Vergangenheit ersehnt wird, müssen scheitern, denn der Evolutionsschritt zu einer größeren Bewußtheit läßt sich nicht rückgängig machen. Die Symbolsprache, der sich die Religion bisher bediente, kann nicht mehr verstehbar sein in einer Welt, der die Anschauung

verloren gegangen ist, aus der die Bilder stammen. Es ist sehr zweifelhaft, ob damit jener Erlebnisbereich, den bisher das Wort Religion deckte, verschüttet wird.«
Also: Die Moderne ist dadurch gekennzeichnet, daß sie den Evolutionsschritt, den sie zu größerer Bewußtheit seit der Aufklärung getan hat, nicht mehr rückgängig machen kann: mit Bezug auf die Gesellschaft beinhaltet dieser irreversible Evolutionsschritt den Verzicht auf ein soziales Verhalten, das an der Vaterautorität orientiert ist. Die Moderne kann als das nachpaternistische Zeitalter bezeichnet werden. Will sie sich in diesem Sinne verstehen, so wird sie nach Denkkategorien und Verhaltensmustern suchen müssen, die ihrem Selbstverständnis gemäß sind. Sie wird sich nicht verführen lassen dürfen, regressiv Verhaltensmuster und Denkkategorien aus der paternistischen Zeit zu restaurieren. Das gilt auch und besonders für die Religion. Denn Mitscherlich ist doch wohl der Meinung, daß durch den Anbruch des nachpaternistischen Zeitalters und seiner Anforderungen »jener Erlebnisbereich, den bisher das Wort Religion deckte«, nicht verschüttet ist. Ob allerdings dieser »Erlebnisbereich« freibleibt oder vollends zum Verschwinden gebracht wird, das hängt davon ab, ob die »vaterlose Gesellschaft«, ob die Moderne sich weiterhin »regressiv oder progressiv« weiterentwickelt. Mit andern Worten: Der Antrieb zur transzendentalen Reflexion wird dann ersticken müssen, wenn die Theo-logie (nicht als Fachwissenschaft verstanden) apologetisch und restaurativ in Kategorien weiterdenkt, die von bloß historischem Interesse sind. Wenn aber die Theologie sich dazu entschließt, ihre Kategorien nicht nur für die Moderne zu arrangieren,

sondern mit dem Willen zur Veränderung Kategorien sucht, die der Erfahrung ihrer Zeit gerecht werden, dann vermag auch die Moderne der Theologie im Antrieb zur transzendentalen Reflexion eine Ermöglichung wirklicher Menschlichkeit anzubieten.

Mitscherlich sieht die Alternative so: »Die moderne Naturforschung hat den Menschen nicht nur siegessicher ... gemacht, sie hat ihm auch Kränkungen zugemutet, die seine stärksten Gefühle verletzten. Freud nannte drei solcher Kränkungen, die mächtige Vorurteilsbarrieren durchbrachen: die *kosmologische* durch Kopernikus, der die Erde aus ihrer zentralen Stellung entfernte; die *biologische* durch Darwin; der Mensch ist ›aus der Tierreihe hervorgegangen, einigen Arten näher, anderen ferner verwandt‹; schließlich die *psychologische* durch den Nachweis unbewußter Seelentätigkeit, die dem vernünftigen Ich die Herrschaft über das Selbst streitig macht ... Diese Reihe narzißtischer Kränkung verlangt nach Bewältigung. Wir sehen, wie nebeneinander regressive und progressive Versuche verlaufen. Verleugnung setzt ein, es bleibt bei der Spaltung in ein Naturwissen und den Vatergott im Himmel oder bei der philosophischen Überhöhung der menschlichen Existenz. Die provokatorischen Einsichten werden mit dem Abwehrmechanismus der ›Isolierung‹ eingekapselt, es wird ihre Beziehung zum Ganzen unseres Wissens durchschnitten, oder es werden Pseudoversöhnungen von der Art *Die Bibel hat doch recht* angeboten ... Die progressive Verarbeitung der Kränkungen fordert demgegenüber zu einer neuen Formulierung heraus, in der die Begrenztheit und die Unendlichkeit des Wißbaren anerkannt wird.«

Wer Erfahrung reflektiert, wer sich diesem analytischen Vorgang unterzieht, der wird die eigenen Versuche, ungeschoren um die genannten großen Kränkungen herumzukommen, als Regressionen auf ein infantiles Stadium eigener Entwicklung so gut wie möglich durchschauen. Der ist zu dem herausgefordert, was Mitscherlich die »neue Formulierung« nennt.

Was ist damit gemeint?

»Nach unseren vorangegangenen Überlegungen kann es nicht als eine ›Herabsetzung‹ religiöser Erfahrung als solcher verstanden werden, wenn wir die Lehren einer Gotteskindschaft als ›Kinderglauben‹ bezeichnen. Das Kind erlebt ein präverbales Sicherheitsgefühl bei der Mutter, ein neues, an Lebenspraktiken orientiertes beim Vater; beide Sicherungen sind in wirklichen Personen inkarniert; aber nichts spricht dafür, daß die ›Welt‹ nach Analogie der menschlichen Gesellung, der menschlichen Familie ›regiert‹ wird. ... Ohne eine in der Person des Vorbilds unmittelbar erfahrene Sicherheit wird kein Mensch die größere Unsicherheit ertragen lernen, die bewußtes Denken heraufbringt. Eben dieses bewußte Denken muß sich jedoch das Analogiedenken zwischen Unbekanntem, Erkenntnistranszendentem und der Herrschaftsweise eines ›wissenden Vaters‹ versagen.«

Das Postulat neuer Formulierung enthält in sich die Forderung nach einem bestimmten Verzicht. Der Erwachsene muß als mündiger Mensch sich der Pseudosicherheit begeben, die ihm ein Denken verleiht, welches die persönlichen zwischenmenschlichen Verhältnisse auf mögliche Transzendenz hin projiziert. Der analytische Vorgang, den erwachsene Mündigkeit verlangt, vollzieht sich als Rückzug von Projektionen. Solcher Verzicht allein ermöglicht neue Formulierungen. Er allein bedeutet den bewußten und formulierbaren Fortschritt zu dem, was die Moderne gesellschaftlich bestimmt, zur vaterlosen Gesellschaft. Diese Gesellschaft wird sich ihrer Mündigkeit nicht dadurch bewußt, daß sie den Vater tötet, ihr Herkommen zerstört. Sie vermag als erwachsene Gesellschaft vom Vater Abschied zu nehmen und so auf eigenen Füßen zu stehen.

»Fortschritt muß auch diesmal nicht optimistisch verklärt werden; es hat keinen Sinn zu sagen, erwachsen sein sei fortschrittlicher als Kind sein. Man ist das eine und das andere in seiner geschichtlichen Zeit. Wenn wir die pathologischen Symptome unserer Gesellschaft so leidenschaftslos wie die früherer Zeit einschätzen, so werden wir zweierlei Vaterlosigkeit zu unterscheiden wissen: eine Gesellschaft, die den Vater verliert, solange ihre Kinder seine Rolle für den Aufbau ihrer Identität bräuchten wie eh und je (und die ohne ihn mutterabhängig auf Lebenszeit blieben) — und eine, die den Vater besitzt, aber in der die Väter eine Identität mit sich selbst erreicht haben, die ihnen die Lösung vom Vatervorbild und vom ausschließlichen Denken in Kategorien der Vaterherrschaft ermöglicht. Nur diese Gesellschaft kann dann Bereiche entwickeln, in denen sie sich als mündig, als selbständig suchend erfährt.«

Man kann auch sagen: Erst, wenn die Väter erwachsen sind, ist der Verzicht auf ein projizierendes Denken in Kategorien der Vaterautorität realisierbar. Erst dann auch mögen neue Formulierungen möglich werden.

Ansätze zu solchen neuen Formulierungen zeigt Mitscherlich etwa bei A. Einstein und bei M. Planck. Bei beiden handelt es sich um Versuche, dem Antrieb und der Nötigung zu transzendentaler Reflexion Ausdruck zu geben. Beide verwerfen gleichzeitig in der entschiedensten Weise die theologische Kategorie der Personalität als *die* Regression und als *die* Gefahr für heute mögliches Transzendenzdenken schlechthin.

Max Planck in einem seiner letzten Briefe: »In Beantwortung Ihres Schreibens vom 10. Juni 1947 kann ich Ihnen mitteilen, daß ich selber seit jeher tief religiös veranlagt bin, daß ich aber nicht an einen persönlichen Gott, geschweige denn an einen christlichen glaube.«

Albert Einstein: »Im Kampf um das Gute müßten die Lehrer der Religion die innere Größe haben und die Lehre von einem persönlichen Gott fahren lassen, das heißt auf jene Quelle von Furcht und Hoffnung verzichten, aus der die Priester in der Vergangenheit so riesige Macht geschöpft haben.«

Daraus, daß ich dem Beten die Funktion zuschreibe, Erfahrung zu reflektieren, und daraus, daß ich die Reflexion von Erfahrung um der in ihr manifesten Nötigung zur *transzendentalen* Besinnung, um ihres Geheimnisses willen Beten nenne, resultiert der Versuch, das Beten als einen eminent analytischen Vorgang zu verstehen. Das aber heißt: Dem Beten ist es anvertraut, regressive Möglichkeiten zu durchschauen und »neue Formulierungen« zu suchen. So ist es ausgerechnet das Beten, welches in der theologischen Kategorie der Personalität eine regressive Gefahr erkennt. Personalistisches Denken nämlich ermöglicht eine Flucht aus dem Erwachsensein in die Illusion eines realitätsvergessenen Kinderlandes. Die Nötigung, Transzendenz bewußt zu denken, wird umgebogen in den Wunsch, sich als Kind einem fordernden und liebenden Vater anzuvertrauen. Die personalistische Regression entfaltet sich dann sogleich als Soteriologie: Der Vater erlöst das Kind, das in seiner Kindlichkeit die Forderungen der väterlichen Autorität nicht erfüllen kann, von den Konsequenzen seines Ungenügens. Sosehr solche Projektion früher und in anderer Bewußtseins- und Gesellschaftsstruktur ihren Sinn haben mochte, sosehr hindert sie — verstanden als eigentliches Denken — den Menschen heute am Bestehen seiner Gegenwart. Beten aber als Einübung transzendentaler Reflexion von Erfahrung hat gerade den Sinn, den Menschen Gegenwart bestehen zu lassen. So ergibt sich eine eigenartige Wandlung des Gebetsbegriffes selbst: Konnte man früher vielleicht das Beten verstehen als eine Zuflucht und Flucht an die Brust eines allwissenden Vaters, als die Geborgenheit, die das sündige Ich im göttlichen Du findet, so ist heute diese Möglichkeit versperrt. Das Beten entzieht sich gerade in seinem Vollzug den personalistischen und soteriologischen Kategorien. Es ist unkindlich geworden. Ja es bezeichnet geradezu die Form, den Akt des Erfahrungsdenkens, worin der Mensch der Moderne sein Erwachsensein als die allein Leben ermöglichende Forderung übernimmt. Das bedeutet nicht eine Aufhebung persönlicher Verhältnisse schlechthin. Ich vermag durchaus ein persönliches Verhältnis zu meinen Mitmenschen zu haben. Ich bin durchaus berechtigt, mein Verhältnis zur Natur, etwa zu Tieren oder Pflanzen, ja zu Gebilden der technischen Welt persönlich zu nennen. Aber ich bin mir dabei bewußt, daß ich, wenn ich etwa von einem persönlichen Verhältnis zu meinem Hund spreche, mich einer Analogie bediene, deren Grenzen evident sind. Mein Verhältnis zu meinem Hund, mein Verhältnis gar zu meinem Auto mag noch so persönlich sein, ich werde weder meinen Hund noch mein Auto als Person bezeichnen. Und ich werde mich hüten, zu deklarieren, eine wirkliche Erfassung des Phänomens Hund oder des Phänomens Auto, eine Erfassung dieser Phänomene in ihrer Eigentlichkeit sei nur möglich unter Anwendung personaler Kategorien. Das Beten ist die Einübung in eine transzendentale Reflexion, die sich ähnliche Analogieschlüsse in bezug auf Transzendenz als regressive und illusionäre Trugschlüsse versagt.

Es darf nicht unerwähnt bleiben, daß solches Beten eine eminent kirchenkritische Wirkung ausübt. Nicht dagegen richtet sich solches Beten, daß die Kirche eine Institution ist, sondern dagegen, daß sie dauernd dazu neigt, ihre Institutionalität auf höhere, göttliche, biblische usw. Setzung zurückzuführen. Damit entzieht sie sich prinzipiell einer Diskussion auf der Ebene des konsequenten Erfahrungsdenkens. Nicht gewisse äußere Demodiertheiten, sondern gerade das »Unaufgebbare«, die »articuli stantis et cadentis ecclesiae« versperren der Kirche den Eintritt in die Moderne. Dagegen hilft kein noch so »progressiver« Kirchentag, kein noch so auf Aktion und Strukturveränderung drängender Reformvorschlag. Ich will es bewußt so formulieren: Dagegen hilft nur das Gebet. Aber das Beten, das nicht auf Antwort, sondern auf Leben stückweise ermöglichende Frage aus ist — das Beten des Zweifels!

Die Hilfe allerdings, die von solchem Beten ausgeht, besteht in erster Linie in einer Sachkritik gerade am »Unaufgebbaren« und seinen institutionellen Konsequenzen. Beten ist die Übung des Einzelnen, des unbekannten

Einzelnen. Es hat die Chance, diesem Anonymus die Möglichkeit, sich und sein Denken zu artikulieren und damit eine Stimme, eine mündige Stimme in Fragen des Glaubens zu geben. Wenn diese Stimme laut wird, wird sie unüberhörbar gerade die »Unaufgebbarkeiten« in eine kritische und verändernde Diskussion ziehen. Kirchen, die ihren dogmatischen und institutionellen Bestand retten wollen, haben nichts so zu fürchten wie das Beten. Im Beten meldet sich das anonyme Christentum so zum Wort, daß es nicht nur zu den Problemen der Anpassung der »ewigen« Wahrheit an die Moderne votiert, sondern das Ganze des Christentums der Diskussion unterzieht. Darin ist das Beten eine Sache des Mündigen und Erwachsenen!

Von daher mag die Selbstverständlichkeit, mit der man gemeinhin von der religiösen Erziehung verlangt, zuallererst die Kinder beten zu lehren, als problematisch erscheinen. Es steht doch sehr in Frage, ob Eltern und Erzieher, die das Beten des Erwachsenen mit seiner entpersonalisierenden Tendenz und Kraft weder kennen noch üben, gut daran tun, ihren Kindern ganz selbstverständlich das tröstende und bergende Gebet der Zuflucht beizubringen. Es ist immerhin möglich, daß solches Betenlehren Fixierungen auf Vaterautoritäten schafft, die später vom Heranwachsenden nur noch gewaltsam und regressiv gehandhabt werden können. Soll das Gebet auch des Kindes etwas anderes sein als frühzeitige Einübung in illusionäres Denken, so darf es nie geübt werden, ohne daß es im Gespräch immer wieder auf seine Realität hin diskutiert wird. Ein Gutteil der heutigen Unfähigkeit zu beten stammt aus der gefährlichen Sentimentalität, mit der man das Kindergebet umgibt. Es stellt sich als eine Insel unkontrollierbarer Gefühle, als ein innerster Hort der Irrationalität dar, die der Diskursivität entzogen bleibt. So regelt es in regressivem Sinne später noch Verhaltensweisen des Erwachsenen sich selbst und seiner Umwelt gegenüber; so sorgt es dafür, daß religiöse Verhaltensweisen unbewußt bleiben und als unkorrigierbar und unveränderbar gelten und auf diese Weise der Erfahrung und der ihr innewohnenden Rationalität widerstehen. Das Kind soll frühzeitig lernen — und dazu braucht es den Erwachsenen, auch den erwachsenen Vater —, daß das Gebet »entwicklungsfähig« ist, Veränderungen erfahren, aber auch Veränderungen von Verhaltensweisen hervorrufen kann. Diese Gebetserziehung jedoch setzt voraus, daß das Beten des Erwachsenen selbst zustande kommt und geübt wird!

Beten als Sache des Einzelnen

Es bedarf nach allen bisherigen Erwägungen keiner besonderen Begründung, wenn das Beten strikt dem Einzelnen zugeordnet wird. Das Gebet ist Sache des Einzelnen. Das ist eine notwendige Einschränkung. Beten geschieht nicht als öffentlicher oder gemeinschaftlicher Vorgang, sondern durchaus im »stillen Kämmerlein«. Beten ist keine Aktion und keine Proklamation, sondern eben Re-flexion.

Solcher Einschränkung kann der Vorwurf gemacht werden, es handle sich beim Beten um eine quietistische Übung, die den Rahmen des Privaten niemals sprengen könne. Mit diesem quietistischen Verständnis aber hat das Beten als analytischer Vorgang nichts zu tun. Beten, insofern es der Fragestruktur der Wahrheit und des Menschen Ausdruck gibt, ist keine Ergebung, keine Anpassung an immer schon Gegebenes. Im Gegenteil: Bewegt vom Zweifel, stellt es Gegebenes, stellt es jede mögliche Antwort dauernd in Frage. K. H. Miskotte hat, auch wenn sein Buch über das Gebet anderen Tendenzen folgt als mein Versuch, recht, wenn er schreibt: »Beten heißt ...: *sich nicht abfinden*; es ist ein Akt von Freiheit gegenüber dem Bestehenden, dem ›Gegebenen‹, inmitten der Notwendigkeiten und der Bindungen ... Beten wird von Begehren angetrieben und wird getragen von einer Leidenschaft, die Dinge *anders* zu sehen, anders zu haben, Veränderungen einzuleiten und eintreten zu lassen.« [47]

Weil Beten alles, was die Erfahrung ihm bietet, in Frage stellt, befreit es zur Tat. Mehr noch: je intensiver das Beten auf ein persönliches Gegenüber verzichtet, je stärker es das göttliche Du entpersonalisiert, desto energischer weist es an das »Du« des Mitmenschen, an das »Wir« der menschlichen Gesellschaft. So verlangt das Beten zum eigenen Vollzug zwar keine Gemeinschaft, im Gegenteil: es konstituiert den Einzelnen. Aber es weist den, der es vollzieht, unmißverständlich auf die Gemeinschaft hin. Das Beten signalisiert den Ort, von dem aus sinnvolles Handeln, gemeinsames Werk und darin räsonable Veränderung, das heißt Humanisierung der Gesellschaft möglich wird. Das Beten sperrt sich ebenso sehr gegen eine Theorie, in der der Einzelne und die ihn unvertauschbar umgebende Privatsphäre zum Ausgangspunkt aller Anthropologie genommen wird, wie aber auch gegen jede Ideologie, in der man im

Übersprung über den Einzelnen die Gesellschaft als messianischen Träger aller Wahrheit und als prima causa aller Entwicklung verehrt, ja von der her sich angeblich sämtliche humanen Verhaltensweisen schlüssig ableiten lassen. Die theoretische Berücksichtigung der Gesellschaft ist zwar sinnvoll, aber nur so lange, als sie von Einzelnen geübt wird. Wird der Einzelne als solcher aus dem Prozeß der Gesellschaft ausgeschlossen, so geschieht die Vergesellschaftung zwangsläufig unter Anwendung der gleichen aggressiven Gewalt, mit der sich immer wieder autoritäre Antworten gegen aufkommende Fragen durchgesetzt haben.

Der Einzelne fragt, nicht die Gesellschaft. Die reine Frage ist eine Sache des Einzelnen. Wird das verkannt, so wird die Antwortstruktur, welche die Gesellschaft bestimmt, absolut gesetzt. Das Beten bewährt sich als kritisches Prinzip gerade darin, daß es die Kategorie des Einzelnen einschärft, darin reine Frage ermöglicht und zur Vermenschlichung der Gesellschaft beiträgt.

Beten schafft nicht Gemeinschaft oder Gemeinde in dem Sinne, wie es tausendfach in Predigten und in der grauen kirchlichen Literatur behauptet wurde und wird. Beten konstituiert den Einzelnen. Der Einzelne aber — und das gehört zu seiner Konstitution — sucht und braucht den Andern, die Andern. Der Einzelne ist nicht der Einzige.

Die vielleicht elementarste Form von Gemeinschaft, an die das Beten den Einzelnen weist, ist die Freundschaft. Die Spielregeln der Freundschaft sind nicht ableitbar aus den Spielregeln der Familie. Sie berücksichtigen weniger die Fragen der Ordnung als die der Gesinnung. So ist der soziale Ort, von dem aus der Einzelne in der Gesellschaft virulent wird und an dem der Einzelne auch den Druck der Gesellschaft verarbeitet, nicht so sehr die Familie, nach deren Modell soziale Institutionen wie Gemeinde und Kirche formiert sind, sondern — ich riskiere den alten und durchaus belasteten Ausdruck — die Freundschaft der Gesinnung. Sie ist das Modell für ein soziales Zusammenleben und für verantwortliche Veränderung in der Gesellschaft einer Zeit, die — wie die unsere — darin nachpaternistisch ist, daß sie sich das Verstehen der gesellschaftlichen Wirklichkeit in selbstverständlicher Analogie zu familiären Lebensverhältnissen versagen muß.

Das hätte Geltung nicht nur für Regionen und Staaten, sondern auch für die Kirchen. Welches institutionelle Gesicht hätte eine Kirche, die — angeleitet vom Gebet — darauf verzichten würde, sich am Modell der patriarchalischen Familie zu orientieren? Welche Konsequenzen für die Gestalt einer Kirche hätte das Modell der Freundschaft?

Erzählen – die zweite Funktion des Betens

Die Forderung nach Form

Reflexion entfernt sich leicht von der Erfahrung. Sie trägt in sich einen seltsamen Zug, der sie gerne dazu verführt, alle Erfahrung hinter sich lassend ihren Anhalt spekulativ in sich selbst zu suchen. Dieser Vorgang kann brillant und imposant sein. Er ermöglicht Systeme, Utopien und gelegentlich auch ganze Theologien, die von größter Denkkraft zeugen. Innerhalb dieser Systeme, Utopien und Theologien folgt jeder Gedankengang einer unwiderstehlichen Logik. Aber diese Logik ist system-intern. Wer an solche Logik den Anschluß gewinnen will, hat vorerst den gleichen Schritt nachzuvollziehen, den auch das System, die Utopie oder die Theologie tat: nämlich den Schritt von der Erfahrung weg. Wer das tut, wird belohnt: Er darf am Reichtum von Distinktionen und Setzungen, die das System aufweist, teilnehmen und wird in eine Sprache hineingezogen, deren Kraft und Glanz durch rezitatives Nachsprechen sich nur erhöht. Der Schritt in die Reflexion, die sich von der Erfahrung ablöst, führt — jedenfalls im Bereich theologischer Arbeit — hinein in den »Innenraum der Offenbarung« und wird deshalb gerne als »Glaube« bezeichnet. Allein, die Vorteile werden teuer erkauft. Die Verständigung aus dem Innenraum des Systems heraus kompliziert sich. Das in der abgelösten Reflexion Gewonnene läßt sich zwar rezitieren, repetieren und verteidigen; ins Verstehen derer, die den Schritt nicht taten, dringt es nicht ein. Und sowenig es von Außenstehenden verstanden wird, sowenig läßt es sich mit jenen Lebensbereichen in Verbindung bringen, die sich — auch für die Innenstehenden — als »äußere« Lebensbereiche der Erfahrung nicht entziehen können. So bewirkt der Schritt Gehorsam einem Logos und seiner Logik gegenüber, der im Bereich der Erfahrung nicht verifizierbar ist. Die Reflexion versinkt in Wirklichkeitsvergessenheit.

Aber auch die Erfahrung entzieht sich nicht ungern der Reflexion. Da sie die Unabsehbarkeit und Unabschließbarkeit des Endlichen zwar in sich trägt, nicht aber als Ganzes und Umfassendes aus sich selbst heraus ansichtig zu machen vermag, neigt sie leicht dazu, sich als allem Ansichtigmachen und aller rationalen Reflexion entzogene Irrationalität im Sinne letzter Antwort, ja letzten Grundes aller Dinge anzubieten. Der Schritt von der Reflexion weg führt den, der ihn tut, leicht dazu, das Modellhafte, das Experimentelle, das aller rationalen Reflexion anhaftet, für unwesentlich, für bloße intellektuelle Spielerei zu halten. Er fühlt sich gehalten und aufgehoben nicht im Innenraum einer Offenbarung, sondern entsprechend im transrationalen Urgrund der sich absolut setzenden Erfahrung. So wird auch Erfahrung leicht zur nicht mehr hinterfragbaren, diktatorischen Autorität. Erfahrungen der Geschichte oder Erfahrungen der Natur begründen Gewaltsysteme, die von einer irrationalen Macht getragen werden.

Dem allem gegenüber gilt es festzuhalten: Erfahrung will reflektiert werden. Und: Reflexion re-flektiert auf Erfahrung. Erfahrung erfährt ihre Kontur durch das sie ermöglichende Geheimnis. Das Geheimnis aber tritt als solches nur in Erscheinung, wo Erfahrung rational reflektiert wird. Nur im Denken erweist sich das Geheimnis als das, was die Erfahrung in Bewegung hält.

Damit Erfahrung sich der Reflexion unterziehe und damit die Reflexion bei der Erfahrung bleibe, dazu bedarf es eines besonderen, artifiziellen Aktes. Dazu bedarf es nämlich der *Form*, der Gestaltung. Ungeformte reflektierte Erfahrung neigt stets dazu, entweder die Erfahrung oder die Reflexion absolut zu setzen. Reflektierte Erfahrung muß um ihrer selbst willen formuliert, muß Form werden. Sie bedarf notwendigerweise der Gestaltung, der Verdichtung, ja man könnte sagen: In gewissem Sinn ist die Dichtung, jedenfalls die künstliche und künstlerische, artifizielle Formung und Gestaltung ein Postulat reflektierter Erfahrung.

Das Formulieren, das Gestalten, das Verdichten reflektierter Erfahrung, das ist nun die zweite Funktion des Betens. Oder einfach gesagt: Das Gebet ist dazu da, zu erzählen, gestaltend und künstlich zu erzählen, was die Reflexion mit der Erfahrung tut und was die Erfahrung der Reflexion zu denken gibt.

Form und Material

Künstliche Gestaltung und Formung braucht Material. Wenn das Beten gestalten und formen soll, dann wird es ohne Material nicht auskommen. Material aber ist nur wieder aus der Erfahrung zu gewinnen. Erfahrung in all ihren Gestalten geschieht mit den Augen und Ohren, mit Händen, Gefühl und Verstand. Sie geschieht mit jedem Organ, mit dem der Mensch der Wirklichkeit begegnet. So mannigfaltig wie die Organe der Erfahrung, so mannigfaltig ist ihr Material: Vorstellungen, Gedanken, Figuren, Modelle der individuellen und der gesamtmenschlichen Phantasie und Denkkraft. Was die Imagination des Einzelnen wie diejenige der Tradition in ihrer Zwiespältigkeit und Widersprüchlichkeit zum Vorschein bringt, all das ist Material des Betens. All das braucht das Beten, um die reflektierte Erfahrung zu gestalten.

Wie geht das Beten mit diesem Material um?

Die reine Frage — so sagte ich — verwandelt jede Antwort sogleich wieder in neue Fragen. Indem das Beten auf reine Frage aus ist, muß es sich als einen Vorgang und Akt verstehen, in welchem Verwandlung geschieht, Verwandlung von Antwort in Frage. Das aber heißt: Das Beten wirkt sich auf alle jene Vorstellungen und Gedankengebilde, die Antwortstruktur tragen, und das heißt: besonders auf die religiösen Vorstellungen und Gedankengebilde nicht zerstörerisch, nicht vernichtend aus. Beten bewirkt keinen Bildersturm. Beten realisiert sich als bewußtes Verhältnis zu Vergangenheit und Tradition. Seine Wirkung ist eine konsumptive. Beten verbraucht und verzehrt. Beten ist ein Prozeß, in welchem Vorstellungen konsumiert werden. Das Beten nimmt die den religiösen und überhaupt den Vorstellungen innewohnende Tendenz zum Säkularen wahr. Beten entmächtigt die Objektivität aller Antwort, führt durch jegliche Objektivität hindurch. Vorstellungen werden so zu Figuren der Erinnerung, zu denen kein Verhältnis des Gehorsams, wohl aber ein *ästhetisches* Verhältnis möglich bleibt.

Das gilt sowohl in bezug auf die Gehalte positiver Religion wie auch überhaupt in bezug auf geschichtliche Tradition. Sowenig das Beten eine Aufhebung der Religion ist, sowenig negiert es geschichtliche Tradition. Es vollzieht sich also keineswegs in einer Preisgabe des historischen Bewußtseins. Man könnte im Gegenteil sagen: Es radikalisiert das historische Bewußtsein, indem es Tradition und Geschichte »biographisiert«.

Gestalten und Gedanken von Tradition und Geschichte tauchen im Beten auf, ähnlich den freien Einfällen in der analytischen Situation. Das heißt, sie tauchen scheinbar zufällig und von außen her kommend auf, in Wirklichkeit aber, wie wenn sie dem eigenen Unbewußten, dem eigenen Leben entstiegen. Gestalten und Gedanken der Geschichte stellen sich im Beten dar als Modelle von durchaus historischem Zuschnitt, aber zugleich auch als Modelle eigener biographischer Möglichkeit und Unmöglichkeit. Die Geschichte mit ihren Wirkungen liefert dem Beten Vorstellungen und Antworten, die sogleich verzehrt und in neue Frage umgewandelt werden. Diesen Verwandlungsprozeß nenne ich Biographisierung.

Die historischen Modelle verlieren auf diese Weise sowohl die mögliche Gleichgültigkeit wie die mögliche Autorität, die man ihnen sonst entgegenbringen, beziehungsweise von ihnen erwarten könnte. Das Beten relativiert die Größe »Geschichte«. Geschichtliches kann dadurch durchaus zur Hilfe werden, zur Hilfe nämlich für ein noch tieferes Eindringen in die Erfahrung und deren Reflexion. Es verhilft zur Erfahrenheit. Es macht aus dem Erfahrenden den Erfahrenen. Das Beten überwindet keineswegs die Distanz zum geschichtlich Vergangenen. Aber es setzt sie auch nicht absolut. Es nimmt Geschichtliches in biographischen Gebrauch, um damit die Welt verständlicher und *veränderbarer* zu machen.

Mag etwa das Reden von der Sünde, so wie es in der Geschichte geübt wurde, auch nicht in dem penetranten Sinn von einem umfassenden soteriologischen Horizont bestimmt gewesen sein, wie ich heute — um mein historisches Bewußtsein in Distanz zum Damals zu halten — meine, so ist doch dieser die Vergangenheit solchen Redens aufzeigende soteriologische Horizont heute gleichgültig, es sei denn, ich lasse mich von ihm autoritativ in die Zelle der Vergangenheit einsperren, die keinen Kontakt mehr mit der Gegenwart erlaubt.

Beten aber verzehrt diesen Antworthorizont. Was er beherbergte, eben etwa die Vorstellung von Sünde, taucht im reflektierenden Gebrauch als »freier Einfall« in meiner Biographie, als durchaus subjektiv auf. In der Reflexion, die das Beten am freien Einfall übt, erinnert mich diese Vorstellung an mich selbst, nämlich daran, daß das Böse nicht eine Größe ist, die zeitlich oder ewig von mir weggenommen werden könnte, sondern meine Schuld, die unabdingbar und bleibend meinen Weg als menschlichen Weg bestimmt.

Genauso wie gegenüber der Religion und ihren Gestalten bewährt sich das Beten gegenüber geschichtlicher Tradition darin, daß es diese geschichtliche Tradition in ihrer Fremdheit nicht nur erkennt, sondern sie selbst in ihrer Funktion fremdsetzt. Das Fremdsetzen der

Tradition ist das, was dem Beten einen durchaus produktiven Charakter verleiht.
Allerdings muß um der Redlichkeit willen gesagt werden: Die Produktivität des Betens beruht nicht zuletzt darin, daß es alle Herren und alle Absolutheitsansprüche entmächtigt. Wo von Herr-Sein gesprochen wird, wo unbedingte Ansprüche auftreten in Geschichte und Gegenwart, da durchschaut das Beten solche Rede im Verzehr ihrer Vorstellungen als »uneigentliche«, als übertragene, als in Antwort verkleidete Rede, die es zu demaskieren gilt. Alle Figuren und Gestaltungen auch noch so bedeutender Geschichte werden im Beten »Fremde«, Gesprächspartner — auch Jesus. Wenn auch der ursprüngliche Anspruch solcher Figuren und Gestalten herrschaftlicher Art *war*, so wird er gerade durch das Beten in Frage gestellt. Der Anspruch wird in seiner Funktion fremdgesetzt: Nicht dekretierte Autorität kann einen Anspruch auf Wahrheit erheben. Was wahr ist, kommt erst heraus dadurch, daß der antwortende Anspruch in Frage umgewandelt und so vermenschlicht wird.
So ist dieses Beten nicht interessiert an der Frage, ob es christlich oder gar protestantisch oder katholisch genannt werden könne. Es ist darin »ökumenisch«, besser: es ist darin ein menschlicher Gestus, daß es das Protestantische oder Katholische, ja daß es auch das Christliche zwar nicht negiert oder gar zerstört, es aber doch im analytischen Prozeß des Verzehrs seiner Objektivität und Autorität entmächtigt, zur Diskussion stellt, in Gebrauch nimmt, als Beitrag versteht.

Die spezifische Form — das Epische

Freuds Patienten legen sich auf das Ruhebett, entspannen sich. Von ihnen wird verlangt zu formulieren, was ihnen frei einfällt. Der Arzt setzt sich hinter den Patienten, bleibt also dessen Blick verborgen. Er übernimmt die Rolle des Hörenden. Das Ganze ist wohl arrangiert. Regeln beherrschen das Spiel. Der Spontaneität des Augenblicks bleibt nichts überlassen. Die Szene hat so, wie sie gestellt ist, zu bleiben. Auch die Einfälle des Patienten, so spontan sie auch sein mögen, werden dieser Spontaneität alsbald entzogen: Sie werden formuliert, ausgesprochen, *erzählt*. Die sprachliche Form, die die Situation bestimmt, ist die epische. So ist es nicht verwunderlich, daß Freud feststellt, seine Krankengeschichten seien Novellen. Freuds Geschichten erzählen — er ist ein Epiker.

Das alles ist mehr als bloße Beschreibung des Freudschen Sprechzimmers. Das ist Beschreibung dessen, was die Erfahrung schlechthin tut. Sie ist, will sie Erfahrung bleiben, genötigt, dauernd über sich selbst Rechenschaft abzugeben. Sie verpflichtet sich, dieser Reflexion Ausdruck, sprachlichen Ausdruck zu geben. Der Erfahrung wohnt also ein bestimmter Hang zur artifiziellen Gestaltung ihrer selbst inne, und die Sprachform, in der sich dieser Hang Durchbruch verschafft, ist die epische.

Es ist nicht zufällig, daß das Epische, früher eines unter den drei genera der Sprache, in neuerer und neuester Zeit geradezu zur Kategorie geworden ist. Bert Brechts dramatisches Programm heißt »Episches Theater«. Unter diesem Begriff nimmt er die Forderung einer von der Erfahrung bestimmten modernen Welt bewußt auf. Auch Picasso hat im Epischen mehr als bloß eine unter vielen sprachlichen Möglichkeiten gesehen. Das Epische ist für ihn die Kategorie, unter die er sein ganzes Werk stellt. Das Epische scheint tatsächlich in seinem Verzicht auf absolutes Setzen, in seiner Bescheidung auf das Prozeßhaft-Endliche die verpflichtende Kategorie gegenwärtiger artifizieller Gestaltung zu sein.

Anfänge der so verwendeten Kategorie des Epischen lassen sich allerdings schon in der klassischen deutschen Literatur beobachten, wo der Begriff und die Sache in Goethes Briefwechsel mit Schiller auftauchen.

Goethe schreibt an Schiller am 19. April 1797:
»Eine Haupteigenschaft des epischen Gedichts ist, daß es immer vor und zurück geht, daher sind alle retardierende Motive episch. Es dürfen aber keine eigentliche Hindernisse sein, welche eigentlich ins Drama gehören. Sollte dieses Erfordernis des Retardierens, welches durch die beiden Homerischen Gedichte überschwenglich erfüllt wird, und welches auch in dem Plan des meinigen lag, wirklich wesentlich und nicht zu erlassen sein, so würden alle Plane, die gerade hin nach dem Ende zu schreiten, völlig zu verwerfen oder als eine subordinierte historische Gattung anzusehen sein.« [48]

Im Brief vom 26. April 1797 schreibt er:
»Im Trauerspiel kann und soll das Schicksal oder, welches einerlei ist, die entschiedne Natur des Menschen, die ihn blind da- oder dorthin führt, walten und herrschen, sie muß ihn niemals zu seinem Zweck, sondern immer

von seinem Zweck abführen, der Held darf seines Verstandes nicht mächtig sein, der Verstand darf gar nicht in die Tragödie entrieren als bei Nebenpersonen zur Desavantage des Hauptthelden usw. Im Epos ist es grade umgekehrt, bloß der Verstand, wie in der Odyssee, oder eine zweckmäßige Leidenschaft, wie in der Ilias, sind epische Agentien. Der Zug der Argonauten als ein Abenteuer ist nicht episch.«[49]

Und am 12. August 1797:
»Hätte ich nicht an meinem Hermann und Dorothea ein Beispiel, daß die modernen Gegenstände, in einem gewissen Sinne genommen, sich zum Epischen bequemten, so möchte ich von aller dieser empirischen Breite nichts mehr wissen.«[50]

Am 25. November 1797:
»Die Poesie ist doch eigentlich auf die Darstellung des empirisch pathologischen Zustandes des Menschen gegründet, und wer gesteht denn das jetzt wohl unter unsern fürtrefflichen Kennern und sogenannten Poeten?«[51]

Schließlich am 6. August 1801:
»Die Dichtkunst verlangt im Subjekt, das sie ausüben soll, eine gewisse gutmütige, ins Reale verliebte Beschränktheit, hinter welcher das Absolute verborgen liegt. Die Forderungen von oben herein zerstören jenen unschuldigen, produktiven Zustand und setzen, für lauter Poesie, an die Stelle der Poesie etwas, das nun ein für alle Mal nicht Poesie ist.«[52]

Es sind im wesentlichen drei Motive, die an diesen Briefstellen in unserem Zusammenhang interessieren, und zwar gerade deshalb, weil diese drei Motive konstitutiv sind für das Epos des Gebets.

Einmal ist es das Motiv des »Empirischen«. Goethe betrachtet es als konstitutiv für das Epische. Im Enpirischen — wir können auch sagen: in der Erfahrung — ist der Gegenstand oder das movens des Epischen zu suchen. Das Epische erzählt, was in der Erfahrung des Endlichen erfahren wird. Ja eigentlich ist alle Poesie darin episch, daß sie in der Darstellung des Erfahrbaren gründet und so den pathologischen Charakter menschlicher Zustände zeigt. Eine Poesie, die sich der Erfahrung entzieht, verdient ihren Namen nicht.

Sodann ist auffällig das Motiv des »Ritardando«. Das Epische setzt Hindernisse, aber nicht objektive Hindernisse für eine Handlung, wie das Drama, sondern — man könnte sagen — künstliche, artifizielle Hindernisse. Sie gewähren jene Pause, jenes Zögern, welches den artifiziellen Vorgang der Reflexion ermöglicht, wie er von der erzählenden Erfahrung gefordert wird. Das reflektierende Ritardando verunmöglicht ein direktes Vorgehen auf ein unbedingtes Ziel hin. Es nimmt jedem Ziel seine Absolutheit. Im Ritardando kommt heraus, daß das Epische von der Pause, die es sich nimmt, von der »ré-création«, lebt. Seine Art ist nicht unmittelbar und spontan kreativ, sondern artifiziell rekreativ. Das Ritardando gibt dem Zweifel Raum im Gebet, besser: die Zeit, die er braucht, um alle Gegebenheiten in Frage umzuwandeln.

Und drittens: das Motiv der »Bescheidung«. Das Epische verlangt eine gewisse »ins Reale verliebte Be-

schränktheit«. Die Erfahrung als das movens des Epischen ist eben Erfahrung des Endlichen. Ihr Postulat an den Dichter — aber auch an den Beter — heißt: Bescheidung ins Endliche. Die »Forderungen von oben herein« stören nur das Epische. Sie machen die Sprache wirklichkeitsvergessen. Sollte die Theologie beim Hören dieser Mahnungen Goethes nicht etwas erröten, nachdem sie vielleicht doch allzu lange ihre Sprache an einem »Senkrecht von oben« orientiert hat?
Müßte sie sich nicht auf eine Auffassung des Gebets einlassen, die — auf Forderungen und Sprünge von oben herein, mithin auf alles Setzen und Dekretieren, Assertieren und Konfessieren verzichtend — der Fragestruktur des Menschen Beachtung schenkt? Die Fragestruktur, die manifest wird im pathologisch-empirischen Zustand des nicht definierbaren Menschen und deren Manifestation sich formt und verdichtet als Erzählen, als Epos in allen möglichen Varianten.
Eine solche Auffassung vom Gebet würde die Theologie auch anleiten, modern zu sein, ohne daß sie aus dauernder Verkrampftheit sich modern nennen müßte. Denn eine solche Auffassung vom Gebet macht deutlich: Beten formt im epischen Erzählen reflektierte Erfahrung. Damit aber ist das »Dichterische«, Verdichtende des Vorgangs nicht auf ein »Von oben herein«, nicht auf Ursprünglichkeit, die Eigentlichkeit garantiert, angelegt, sondern auf das Künstliche der Situation, in der sich der Mensch der Moderne, dadurch, daß er auf die Reflexion von Erfahrung und ihre sprachliche Gestaltung angewiesen ist, befindet. Das Beten widerstrebt der Versuchung, den Menschen der Moderne von irgendeinem Ursprung her in seiner Eigentlichkeit

zu verstehen. Nicht in epochaler Überheblichkeit, sondern in epochaler Bescheidung hilft das Beten dem Menschen der Moderne, sich aus seiner Nicht-Definierbarkeit, die von keinem Ursprung her aufzulösen ist, zu verstehen und sich ständig auf dem Weg der Erfahrung zu halten.

Monolog oder Dialog?

Ist solches Beten aber nicht ein reiner Monolog? Immer wieder haben vor allem Theologen als selbstverständliche Voraussetzung eines sinnvollen Betens die Existenz eines hörenden und redenden Gottes, also einer göttlichen Person genannt. Immer wieder ist die Existenz eines personalen Gottes als Grund des Glaubens und so als Ermöglichung des Betens dargestellt worden. Als Kuriosum sei vermerkt, daß im Jahre 1891 A. Bolliger in seiner Basler Antrittsvorlesung die rationale Vernünftigkeit dieser Voraussetzung in stärkster Polemik gegen Kant zu beweisen versucht hat[53]. Allen Versuchen gemeinsam ist die Behauptung, das Gebet sei unbedingt zu charakterisieren als Dialog, als echter Dialog, ja sogar als der einzig echte Dialog zwischen Personen. Demnach erscheint ein monologisches Beten sinnlos, weil es typisch ist für alles uneigentliche, weil unchristliche Beten.

Ich könnte versucht sein, mich auf die Fragestellung, die für solche Gebetsauffassung bestimmend ist, einzulassen. Ich könnte — ähnlich gewissen Philosophen und der Mystik nahestehenden Theologen — den Wert gerade des monologischen Gebets vorführen.

Allein, ich würde dann meinem ganzen Ansatz untreu. Die Begriffe »Dialog« und »Monolog« haben ihren »Sitz im Leben« auf der Bühne, im Schauspiel, im Drama. Das Drama besteht aus nichts anderem als aus Dialogen und Monologen. Dialoge haben den Sinn, in Form von Gesprächen eine Handlung so weit voranzutreiben, bis aus ihr eine, ja *die* Wahrheit herausspringt. Dabei ist der Dialog darauf angelegt, daß mindestens einer seiner Akteure, der Held, den Zuschauer und Zuhörer mit seinen Sympathien und Gefühlen im Prozeß einer durchaus gewollten Identifikation in sich aufzunehmen imstande ist. Er stellt mit seinem dramatischen »Geschick« die Wahrheit dar, um die es geht. Er ist fähig, sie dem Zuschauer und Zuhörer direkt zu übermitteln. Aber gerade in den klassischen Monologen erreicht dieser Übermittlungsvorgang seine höchste identifikatorische Kraft.

Man kann nun wie Brecht das Drama und seine dramatischen Formen der Kategorie des Epischen unterstellen. Dann aber ist das ganze Bühnengeschehen nicht mehr auf Identifikation und schon gar nicht mehr auf eine vom Zuschauer zu übernehmende Antwort hin angelegt. Im Gegenteil: Es dient der Einschärfung der Frage allein. Dialog und möglicher Monolog werden zu Spielformen der Frage.

Ist das Gebet, so wie ich es verstehe, nun ein Monolog oder ein Dialog? Da ich es vom Ansatz her nicht als ein dramatisches, sondern als ein episches Phänomen betrachte, entzieht sich das Beten solcher Fragestellung. Das Epische kennt — in jedem Sinne des Wortes — kein Ansehen der Person, es ist nicht anti-, sondern überhaupt apersonalistisch. Es bedarf, um sich zu realisieren, nicht des direkten, unmittelbaren, spontanen, ursprünglichen und in alledem persönlichen Gegenübers. Das movens auch des epischen Betens ist nicht eine hörende und redende göttliche Person, sondern das apersonale Geheimnis der Erfahrung. Und dieses Geheimnis bringt das Beten nicht in einen Dialog, noch nötigt es das Beten zum Monolog. Beten dialogisiert nicht und monologisiert nicht. Beten erzählt.

Beten erzählt so, daß es keine Figur als die einzige und ihm autoritativ gegenüberstehende voraussetzt. Es erzählt so, daß es auf kein dogmatisch oder sonstwie voraus und vorab in Geltung gebrachtes Gegenüber schielt. Beten erzählt. Wie ein guter Erzähler, ohne nach dem Zuhörer und seinen Reaktionen zu schielen. »Dabei weiß ich nicht einmal genau, ob es Gott gibt. Aber ich habe immer zu ihm gebetet«, schreibt Alfred Andersch. Beten ist absichtslos. Es ist an keiner Einwirkung auf ein mögliches Gegenüber interessiert. In der Absichtslosigkeit aber gerade des epischen Gebets steckt auch ein Interesse, das Interesse, im Erzählen zu Fragen zu gelangen, die im Bereich der Erfahrung vorwärts und weiter führen.

Solches Erzählen nimmt alle religiösen und nichtreligiösen Vorstellungen und Figuren, auch diejenige des persönlichen Gottes, auch die des himmlischen Vaters, und indem es sie gestaltet, verzehrt und verbraucht es sie dauernd — wie Lebensmittel, die nur den einen Sinn haben, verbraucht zu werden, besser: wie Noten, die nur den einen Sinn haben, im Musizieren gleichsam verzehrt zu werden. Bei aller nicht puristischen und unpuritanischen Freiheit, mit der das epische Gebet sich in sämtlichen Bereichen der Sprache und ihrer Formen bewegt — es verschmäht nicht einmal die Form persönlicher Anrede oder die des Dialogs —, bleibt es der Diskretion zugeneigt. Es erzählt ja in tausenderlei Weisen das Geheimnis, das Geheimnis der Erfahrung. So ist es sich bewußt, daß dem Geheimnis Schweigen gebührt, und daß das Schweigen Sprache wird nie in Form Distanz aufhebender Antwort, sondern nur in Form der Frage. Als gestaltendes Erzählen ist das Beten gewissermaßen »polytheistisch«. Es stellt alle Götter vor und verzehrt sie sogleich, um den Ort des Menschen in seiner Erfahrung, um das Geheimnis der Erfahrung zu beschreiben und zu erzählen.

Beten als Akt

Der Gestus des Betens läßt sich nicht auf etwas anderes reduzieren. Beten ist nicht Gutes tun. Beten ist nicht richtig denken oder theologisch denken. Beten ist ein besonderer Akt — und als Akt ein exercitium, eine Übung. Beten ist Einübung auf die Reflexion der Erfahrung. Beten übt solche Reflexion ein, indem es erzählt, episch formt und gestaltet, was das Denken von der Erfahrung vernimmt.

Die Notwendigkeit solchen Betens ergibt sich aus keinem Gebot oder Gesetz, aber daraus, daß die Reflexion der Erfahrung sich nicht einfach spontan einstellt, sondern einer besonderen Anstrengung, eines Denkaktes bedarf. Der Mensch in seiner Nichtdefinierbarkeit, in seiner »pathologischen Struktur« ist nicht auf eine Idee und »natura« hin ausgelegt, die sich ihm »natürlich« mitteilen würde. Er legt sich aus, indem er artifiziell und Schritt für Schritt das Postulat der Erfahrung, die Reflexion vollzieht. Der Mensch versteht sich, indem er sich *bildet*. So eignet dem Gebet — wie ich es verstehe — der gleiche Grad von Notwendigkeit wie der Bildung. Beten ist ein Bildungsvorgang — notwendig, aber als solcher niemals zu erzwingen.

Als Akt braucht das Beten eine bestimmte Form. Knien, das Falten der Hände usw. sind traditionelle Gebärden, die durchaus der Artifizialität des Aktes entsprechen können. Sie sind aber nicht die einzigen Möglichkeiten. Ja vielleicht verführen sie gerade wegen ihrer Traditionsgestalt dazu, Ansprüche an das Beten zu stellen, welchen es nicht zu genügen vermag. Es sind nicht theatralische Formen, aber es sind *Formen* nötig, um das Beten in »Szene« zu setzen, um es zum Akt zu machen. Vielleicht wäre es einmal den Versuch wert, vom Mündlichen abzurücken und schriftlich zu beten. Ich kann mir vorstellen, daß »Briefe an Gott«[54] eine Möglichkeit wären, dem Gebet die beiden wesentlichen Funktionen, die der Reflexion und die der artifiziellen Gestaltung, in deutlichster Weise zu gewähren. Das Schriftliche setzt dann nämlich zum vornherein jene Distanz, die das Gebet vor Infantilität und vor der Illusion eines das göttliche Gegenüber verändernden Dialogs bewahrt.

Je expressiver die Form gestaltet, je energischer dem Akt des Gebets Zeit reserviert wird, desto kleiner ist die Gefahr, die das oft so gepriesene »formlose« Gebet, etwa das Stoßgebet, den Seufzer in besonderer Not fast durchgängig bestimmt, die Gefahr nämlich, gerade im Gebet auf infantile und illusionäre Pseudoerfahrung zu regredieren.

Mit alledem rede ich nicht einer »Liturgisierung« des Betens, wie sie von gewissen liturgischen Bewegungen propagiert wird, das Wort. Gerade als artifizieller und das heißt vom Einzelnen frei gestalteter Akt hat das Beten nicht viel gemeinsam mit den besonders in modernen Kirchenliturgien verdichteten Kollektivregressionen. In ihnen nämlich kommt — das würde eine ausführliche Untersuchung des Textmaterials mit Sicherheit ergeben — nicht etwa das artifiziell Epische, das verarbeitend und gestaltend Reflexion und Erfahrung zusammenhält, zum Zuge. In ihnen wird der Gottesdienstteilnehmer vielmehr auf eine angeblich spontane und direkte Ich-Du-Situation fixiert, die, gemessen an seiner Erfahrung, illusionär ist und bleibt. Beten als gottesdienstliches und damit kollektives Element hat kaum eine andere Chance als die, auf illusionäre Situationen zu fixieren. Beten, wird es als Akt ernst genommen, ist eben die Sache des Einzelnen. Erst das Beten — verstanden als analytischer Vorgang und geübt vom Einzelnen — will als artifizieller Akt zwar nicht die pathologische Struktur des Menschen leugnen, vermag aber sehr wohl pathologische Fixierungen zu verhindern und den Weg zu je neuer Erfahrung freizulegen.

Als Inhalt des Gebets wird in der Regel Bitte oder Dank oder beides bezeichnet. Dahinter steht eine bestimmte Sicht des Menschen. Mehr noch: *in* solchem Bitt- oder Dankgebet versteht sich der betende Mensch selbst von einer ganz bestimmten Situation her, derjenigen vor dem persönlichen Gott. Im Angesicht des offenbarten persönlichen Gottes ist der Beter ein Nichts, einer, der das Heil verspielt hat, einer, der alles, was ihm aussteht, allein in der Bitte um Heil auszudrücken vermag. Entsprechend kann jener, der sich an den persönlichen Gott wendet, nur immer dafür danken, daß ihm das Entscheidende, das sein Leben ermöglicht, das Heil, gegeben und geschenkt ist.

Im Horizont der Erfahrung dagegen ist es nicht ein persönliches Gegenüber, sondern das Geheimnis der Erfahrung selbst, das den Menschen um der dem Geheimnis innewohnenden Rationalität willen zur Reflexion, zu einer Besinnung nötigt, die ich Beten nenne. Die Form solcher Besinnung ist die epische. Sie entspricht der Fragestruktur, welcher der Mensch angesichts des Geheimnisses inne wird. Die Herkunft dieser Form ist das Schweigen, dem sich alle Frage verdankt. So wird der, der beten lernen will, fragend erzählen lernen müssen. Und er erfährt sich darin als Menschen, daß er sich als Frage erzählt.

Situieren – die dritte Funktion des Betens

Das Gebet und die Grundsituation des Menschen (Luther)

Ich sagte, das Beten beschreibe den Ort des Menschen und seiner Erfahrung. Damit kommt die dritte Funktion des Betens in Sicht: Indem es als reflektierte Erfahrung vom Geheimnis erzählt und damit den Ort des Menschen beschreibt, weist das Beten auf die Grundsituation des Menschen.
Ich verwende den Begriff »Grundsituation« hier darum, weil er mir die Diskussion mit einem Gebetsverständnis ermöglicht, in welchem alle Hauptgedanken reformatorischer Theologie sich konzentrieren, nämlich mit dem Gebetsverständnis Luthers. Rudolf Hermann hat Luthers Gebetsverständnis zwei ausgezeichnete Studien gewidmet[55]. Sie machen deutlich, daß Luthers Erkenntnis des Menschen als »simul iustus et peccator« — als gerecht und Sünder zugleich — einen Tatbestand bezeichnet, in welchem der Mensch sich vor Gott gestellt weiß. Das »simul« beschreibt also die Art, wie der Mensch »coram deo« steht. Beten ist deshalb nicht bloß die Haltung, die demjenigen entspricht, der als Sünder gerechtfertigt wird und als Gerechtfertigter immer noch Sünder bleibt. »Es ist auch die Gestalt, in der wir

dies Simul als Wirklichkeit erleben.«[56] Das Beten hat bei Luther durchaus die Funktion, den Menschen in seine Grundsituation zu weisen. Dabei kommt alles darauf an, diese Grundsituation in Kategorien zu beschreiben, die ein Reden von irgendeiner Art von Verdienst vor Gott radikal ausschließen.

Einem Vertreter der katholischen Lehre von der Rechtfertigung mutet Luther zu, sich einen Beter vorzustellen, der mit seinem guten Werk vor Gott tritt und sagt: »Siehe, Herr Gott, dies gute Werk habe ich durch deine Gnadenhilfe getan ..., deiner verzeihenden Barmherzigkeit bedarf es nicht, und ich erbitte es nicht für es, ich will, daß du es nach deinem wahrsten und genauesten Gericht richtest ... Auch du kannst es nicht verdammen, da du gerecht und wahrhaftig bist, vielmehr du würdest dich selber verneinen.«[57] Der Gegenspieler Luthers soll versuchen, so zu beten, daß er — indem er im Gebet seine These von den sündenfreien Werken radikal durchzieht — einsehen lerne, daß seine These gerade im Gebet als Grundirrtum zerbrechen muß. Das Gebet hält so gegenüber dem sittlichen Ideal sündenfreier Werke die Wirklichkeit des »Sünder zugleich« aufrecht. »Man kann Gott nichts entgegenstellen als nur sein eigenes Wort.«[58]

Dadurch aber, daß der Mensch Gott mit nichts Eigenem, sondern eben nur mit Gottes gerecht sprechendem Wort begegnen kann, bringt das Beten dem Menschen letzte Sicherheit. »Das Gebet also, so formulieren wir, ist, wenn es gar Gottes gleichsam mächtig und gewiß ist, die Bürgschaft dafür, daß Gewißheit, und nicht etwa Ungewißheit, unser Teil ist, — unser, das heißt derer, die gerecht sind und Sünder zugleich.«[59] Das Durchhalten des »simul« im Gebet gewährt dem Beter durchaus ein Wissen: Er weiß, was gute Werke sind, er weiß, daß er sündenfreie gute Werke niemals vorweisen kann, und er weiß, daß er durch Gottes Gnade, obwohl er Sünder bleibt, gerecht ist. Wer die eigentümliche Bedeutung des »simul« für das Beten nicht versteht, wird in eine durchgängige Unsicherheit hineingeführt.

Dabei versteht aber Luther das Wissen, das dem Betenden aus der »simul«-Situation erwächst, als ein besonderes Wissen; nämlich als ein Wissen, das sich »den Maßstäben empirischer Feststellbarkeit nicht beugt«[60].

Luther sagt im Anschluß an Röm. 6,8: »Daß wir mit Christus leben werden, ist eine Sache des *Glaubens:* ›quia haec vita non habet *experientiam* sui, sed fidem. Nemo enim scit se vivere aut experitur se esse iustificatum, sed *credit* et *sperat*‹.«[61] Scharf treten hier »experientia« und »fides«, Erfahrung und Glaube auseinander. Das Wissen, das aus Erfahrung kommt, ist im Blick auf die im Beten manifeste Grundsituation des Menschen ein Nicht-Wissen. Das Wissen aber des Glaubens und der Hoffnung stellt sich, da es sich nicht einer Analogie zum Erfahrungswissen verdankt, dar als Gewißheit. Luthers Erkenntnis, das Erfahrungswissen sei letztlich ein Nichtwissen, erwächst aus der Grundsituation des Menschen, aus seinem Stehen »coram deo«. Sie ist also Frucht wahren Betens und zugleich Anlaß zum Gebet. Mehr noch: sie gibt dem Beten den ihm entsprechenden Inhalt: Beten ist Bitte um Gottes Gerechtigkeit.

Daraus ergibt sich: »Wer nicht bittet, ist nicht gerecht ... Gerechtigkeit ist doch wohl nur, indem zwischen Gott und Mensch die durch das Gesetz gesetzte Gemeinschaft ist. Nur so ist das gegenseitige Voneinanderabhängen der Gerechtigkeit Gottes und unserer Gerechtigkeit wirkliches Dasein. Von Rechtfertigung und Gerechtigkeit kann der Mensch nur im Hinblick auf seine Verbindung mit Gott durch das Gebet reden.«[62]

So kommt R. Hermann zu der These: »Gerade die Ungewißheit angesichts alles dessen, was unter der Bedingung des quantum und quando steht, alles Berechenbaren also, das aus bestimmten, aufweisbaren Bedingungen erfolgen muß, treibt zum Gebet, das vor Gott alle eigene Leistung streicht und alles auf ihn setzt. Die Gerechtigkeit hat keine andere Wirklichkeit als die des Erbetenen.«[63]

Die Tatsache, daß wir als Gerechte zugleich Sünder sind, beinhaltet ein »Ineinander von Wissen und Nichtwissen«[64]. Dieses Ineinander ist aufgehoben im Beten. Die Gerechtigkeit, die Gott zuspricht, ist keine Sache des Wissens. Gewißheit im Blick auf die Gerechtigkeit entsteht nur, wo der Mensch von sich und seiner Erfahrung absieht. Das geschieht bei Luther im Gebet.

»Eben indem wir beten, sehen wir von uns ab und setzen auf uns nichts, sondern alles auf Christus. Auf uns zurückgesehen muß alles in Ungewißheit sich auflösen. Welche andere Haltung sollte also überhaupt so etwas wie Gewißheit ermöglichen als die, in der wir auf Gott allein sehen, eben das Gebet?«[65]

Das Beten weist den Beter unmißverständlich in die Grundsituation des Menschen schlechthin, und das heißt: es stellt ihn vor Gott. Dieses Stehen vor Gott ist unabdingbar bezeichnet durch das »simul«: ». . . semper orandum, quia semper sumus peccatores. Est comprehensa et conclusa vita nostra in complexum et sinum dei. Unser leben sol heissen: Miserere, quia sumus

›Mei‹, i. e. peccatores. Ergo Christianus discat, quod sua vita sit coram deo mera gratia.«[66]

Kanon ewiger Fragen?

Luthers Auffassung vom Gebet besticht in mancherlei Hinsicht: einmal durch die Konsequenz, mit der er seine ganzen Erwägungen über das Gebet einbindet in das für ihn bezeichnende Rechtfertigungsdenken. Damit ist das Gebet kein peripheres Phänomen, über das im Rahmen von Erbauung und allgemeiner Frömmigkeit gehandelt werden könnte, sondern diejenige Haltung, die unmißverständlich qualifiziert wird durch die Grundsituation des Glaubens. Zum zweiten besticht diese Gebetsauffassung, weil das Beten hier in keiner Weise reduziert wird auf ein anderes Phänomen, etwa auf das sittliche Handeln. Das Beten wird als Gestus des Menschen ernst genommen. Und drittens besticht Luthers Gebetsauffassung dadurch, daß in ihr der kraftvolle Versuch in Erscheinung tritt, dem Gebet, wie es bis dahin in der katholischen Christenheit geübt wurde, eine neue, »verfremdende« und seine Virulenz gerade dadurch erhellende Funktion zuzuerkennen.
Allerdings hat sich diese Gebetsauffassung in der Folge auch im Luthertum nicht durchgehalten. Paul Althaus hat in einer minutiösen Studie gezeigt[67], daß die lutherischen Ansätze im theologischen Denken über das Gebet noch weitgehend wirksam waren für die Gestaltung öffentlicher Kirchengebete, daß aber diese Ansätze in der Erbauungsliteratur für den privaten Umgang mehr und mehr verdrängt wurden durch Gebetsauffassungen,

wie sie typisch sind in der jesuitischen Frömmigkeit. Ein solches Auseinanderklaffen konnte für die Frage christlicher Lebensgestaltung und christlichen Handelns nicht ohne Wirksamkeit bleiben. In der Tat bildet sich auf der einen Seite immer mehr eine protestantische Kirchlichkeit, die sich äußerlich reformatorisch gebärdet, innerlich aber einer Frömmigkeit zuneigt, die den Stempel einer massiven oder spiritualisierenden Katholizität kaum zu verwischen vermag. Auf der anderen Seite steht nicht sosehr eine wirksame theologische Gruppe, als eine stets größer werdende Schar »anonymer Protestanten«, die mit der Frömmigkeit der Kirche nichts mehr anzufangen weiß und diese Frömmigkeit als Folge der Reformation sehen zu müssen glaubt.

Es ist begreiflicherweise immer wieder, besonders in unserem Jahrhundert, versucht worden, sowohl der Kirche wie dem anonymen Protestantismus den *echten* Luther, die *echte* Reformation vor Augen zu führen und plausibel zu machen. Dabei passiert meistens folgendes: Keiner will und kann so weit gehen, daß er in Luther geradezu *den* Denker schlechthin, der Antwort auf alle Fragen hätte, vorführt. Die Antworten Luthers werden deshalb durchaus historisch-kritisch herausgearbeitet und so einer gewissen Relativierung unterzogen. Die Fragen allerdings, die Luther bewegen, werden — auch dort noch größtenteils, wo sie auf ihre historische Herkunft überprüft werden — als *die* Fragen des Menschen schlechthin dargestellt. Diese Fragen haben ihren bleibenden Wert und signalisieren die Sache, um die es auch dem Menschen der Neuzeit und Moderne gehen muß, wenn immer nur er richtig fragt. R. Hermann etwa unterscheidet sein systematisches von seinem historischen Interesse an Luther dadurch, daß er — von der Voraussetzung aus, Luthers Frage sei auch die unsere — erklärt, Luther sei dieser Frage besonders nahe gewesen, und deshalb müsse dem Problem selbst »diese gleichsam glückliche Stunde erhalten«[68] werden. Damit aber läuft solche Arbeit bei allem Wert, den sie gerade in historischer Hinsicht hat, auf eine höchst problematische Repristination hinaus.

Es ist nicht so, daß der Mensch der Neuzeit und der Moderne von den gleichen Fragen umgetrieben würde wie der Mensch des Mittelalters und der anschließenden Reformation. Und es ist nicht so, daß man die Fragen des Mittelalters und die der Moderne auf einen Komplex, einen Kanon ewiger Fragen zurückführen könnte. Etwas präziser gesagt: Solche Reduktion ist zwar durchaus möglich, aber nur dann, wenn man die »ewigen Fragen« formuliert von einer ewigen, umfassenden Heilsantwort her, das heißt, wenn man im Horizont soteriologischen Denkens operiert. Nun ist aber gerade der Gesamthorizont des Heilsdenkens in Neuzeit und Moderne problematisch geworden. Ja er ist in gewissem Sinne überboten und abgelöst worden durch einen Horizont des *Erfahrungsdenkens.* So ist es dem, der in *diesem* Horizont zu leben und zu denken — auch theologisch zu denken — sich verpflichtet weiß, schlechterdings unmöglich, die Erfahrung vom Heil her zu interpretieren. Er wird umgekehrt die ganze Arbeit seiner Interpretation in der Gegenwart ansetzen, und das heißt, er wird den Horizont soteriologischen Denkens von dem des Erfahrungsdenkens her sowohl interpretieren wie auch kritisch analysieren. So wird ihm bewußt, daß ein ganzer Komplex nicht nur von Antworten, sondern vor allem von Fragen sinnvoll, verstehbar, nachvollziehbar ist nur im Horizont des Heilsdenkens. Die Frage etwa nach der Gewißheit, die Frage nach dem gnädigen Gott, die Frage nach dem Wert guter Werke usw. — das alles sind Fragen, die sich im Horizont der Erfahrung und ihrer Reflexion dem Menschen der Moderne nicht stellen. Der Prediger etwa — unendlichen Beispielen folgend —, der Luthers Kampf um den gnädigen Gott in noch so blühenden Farben schildert, wird bald merken, daß dieses Ringen bei kirchentreuen Christen vielleicht noch ein Gefühl der Evidenz auslöst, jedoch auch bei ihnen nur im Kirchenraum und höchstens solange der Gottesdienst dauert, daß seine Schilderung aber bei allen anderen auf Gleichgültigkeit stößt.

Solche und ähnliche Entdeckungen eines Predigers machen deutlich, daß die Horizonte gewechselt haben. Selbst das durchaus soteriologisch eingefärbte theologische Denken, wie es weithin die Kirche und ihre Theologie bestimmt, wird von seinen Vertretern nicht mit jener Konsequenz auf alle Gebiete des Lebens angewendet, die Luther durchaus übte. Ja man kann sagen, das soteriologische Denken ist geradezu das Merkmal für die Getto-Situation der Kirche.

Die Fragen, die den Menschen der Moderne bewegen, formulieren sich aus dem Horizont der Erfahrung. Es sind deshalb Fragen, die nur immer ein Stück weit Antwort ermöglichen, diese Antwort aber sogleich um neuer Erfahrung willen in neue Fragen umwandeln müssen. Indem das Beten, wie ich es verstehe, so verfährt, führt es in eine »Grundsituation«, die vom Horizont des Heilsdenkens nicht interpretierbar, im Horizont der Erfahrung aber durchaus beschreibbar ist.

Die Erfahrung kommt nicht zu einem letzten »Gegenüber«, aber trifft in sich, indem sie auf ihre Endlichkeit reflektiert, auf Geheimnis. Die Reflexion solcher Erfahrung nimmt durchaus Denkmodelle und Imaginationen der Tradition zu Hilfe. Aber sie versteht jedes Denkmodell als eine *Figur* des Denkens. So kann sie, wenn sie den Geheimnischarakter der Endlichkeit reflektiert, vergangenes und heutiges Reden von Gott als eine Figur verstehen, deren das Denken sich bedient hat, um zur Klarheit zu gelangen. Auch diese Figur aber ist für solche Reflexion nicht eigentliches Gegenüber. So mag die Reflexion von Erfahrung in der Situation des Geheimnisses etwa »philosophischer Glaube« werden, nicht aber Glaube im Sinne eines nur im Horizont des Heilsdenkens möglichen Gehorsams.
Dementsprechend muß alle Beschreibung der Grundsituation, in die das Beten führt, auf manchen Reichtum der Aussage verzichten. Man könnte sagen: Solche Beschreibung hält sich in Grau, aber im zuverlässigen »Elefantengrau« (A. Andersch).

Schweigen und Staunen

In der betenden Reflexion verliert das Geheimnis der Erfahrung alles Schleierhafte, Verborgene, Sich-Verbergende; da ist es hell, licht, wach; Wildnis — würde Andersch sagen; Mittag, Stunde des Pan — haben andere gesagt.
In der Helle dieses Geheimnisses erlischt alles Tun und Reden. Da verstehen wir uns nicht als Menschen, die etwas tun und vorweisen können. Da sind wir Stau-

nende. Und da erstirbt alles Reden. Wir haben nichts zu melden, nicht etwas zu sagen. Wir sind Schweigende. Das grelle Geheimnis spricht uns auf keine Antwort an, die wir geben oder empfangen, auf keinen Inhalt, den wir produzieren oder rezipieren könnten. Wir sind — als Erfahrene, als reflektierend Erfahrende — im Epos des Gebets begriffen als leere Form, als reine Frage. Das Staunen und Schweigen ist das Ritardando, in welchem das Beten gestaltend des Geheimnisses innewerden kann. Staunen ist nicht Blindsein, und Schweigen ist nicht Stummsein. Staunen und Schweigen sind gleichermaßen sprachförmig[69]. Sie geben ihren Fund, das Geheimnis der Erfahrung, der Sprache preis in der Frage. So erbildet sich Schweigen und Staunen durchaus. Die Form aber solcher Bildung ist die Frage.

Es ist die kritische Funktion des Betens, daß es fragen lehrt und darin der Fragestruktur humaner »Grundsituation« innewerden läßt. Diese kritische Funktion nimmt das Beten nicht zuletzt dadurch wahr, daß es uns von der Tradition her unvermeidlich das Wort »Gott« zuspielt, jenes Wort also, das unter allen Menschenwörtern in dringlichster Weise eine Frage stellt, die niemals in eine Antwort umgelogen werden kann. So vernimmt das Beten das Wort »Gott« als jenes Wort, das in seiner ganzen Abstraktheit und Apersonalität den Geheimnischarakter der Wirklichkeit und zugleich die im schweigenden Staunen gründende Fragestruktur des Menschen in sich schließt.

Streitgespräch

Ein Briefwechsel
zwischen Ernst Lange und Walter Bernet

Lieber Herr Bernet,

selten habe ich ein Manuskript mit so viel Zustimmung und zugleich so viel Ratlosigkeit und Lust zum Widerspruch aus der Hand gelegt wie Ihren kritischen Sermon über das Beten.

Die Zustimmung betrifft den Denkstil. Man sehnt sich nach einer Theologie ohne Mystifikation und ohne die spekulative Selbstbefriedigung, die Sie in dem Abschnitt »Die Forderung nach Form« (S. 123 ff.) so eindrücklich beschreiben; einer Theologie zugleich, die dennoch mehr zu sein versucht als ein tendenziöser Verbrauch religiöser Überlieferung zur nachträglichen Begründung des jeweiligen Engagements. Man hat selten Anlaß, am wenigsten bei sich selbst, diese Sehnsucht nicht für vermutlich unerfüllbar zu halten. In dieser Hinsicht ist Ihr Manuskript für mich ein Zeichen der Hoffnung. Die Strenge, mit der Sie bei »experientia und Experiment« (vgl. S. 65) und also im Horizont zeitgenössischer Wirklichkeitserkenntnis und Wahrheitsbemühung bleiben, tut wohl.

Zeigt sich aber nicht auch bei Ihnen, wie ungewohnt uns Theologen solche Strenge mit uns selbst ist? Ausgerechnet an den Schlüsselstellen der Argumentation tauchen dann doch wieder Begriffe, nein, Signale auf wie »Ge-

heimnis«, »reine Frage« oder gar Bilder wie das von der »Wildnis Gottes« (nicht als bestritte ich die Möglichkeit des Denkens an Bildern entlang, im Gegenteil, aber entspricht das Ihrem Ansatz?). Vielleicht bin ich der »langweilige Tropf« (S. 87), von dem Sie sprechen, aber ich weiß nicht genau, was Sie mit »Geheimnis der Wirklichkeit« eigentlich meinen und welchen Erkenntniswert solch ein Ausdruck über die sachlicheren Hinweise auf die Endlichkeit der Erfahrung, die Undefinierbarkeit des Menschen und die Fragestruktur der Wahrheit hinaus in Ihrem Denkzusammenhang eigentlich erhält.

Einen Zwischenruf zum Begriff der »Fragestruktur der Wahrheit« (S. 102): ich halte ihn, strenggenommen, für eine contradictio in adjecto, obwohl er auf das Vorläufige aller Erkenntnis nachdrücklich aufmerksam macht. Aber: darf man Antwort und Frage so gegeneinander ausspielen, wie Sie das tun, ohne vorzuführen, wie anthalt antworthaltig jede Frage immer schon ist, wie sie unweigerlich Antwort impliziert und produziert, und andererseits — da Sie die »Theologie der Frage« ja gegen die Theologie der Antwort setzen —, wieviel redliche Frage, wieviel Leidenschaft zum Offenhalten des Fragens etwa in den Antworten der biblischen Theologien und des christlichen Dogmas immer schon mitformuliert ist? Die Tradition des »Namens« und der »Verheißung« im Alten und Neuen Testament, ist sie denn nicht faktisch die Produktion überschießender und zu neuer Erfahrung treibender Fragen? Sind nicht die Definitionen der Trinitätslehre und der Christologie klassische Nicht-Definitionen und also — Fragen? Ist nicht ein biblischer Satz wie »...noch ist nicht offenbar, was wir sein werden...« (1. Johannes 3, 2), zweifellos formuliert im Ho-

rizont von Heil und Unheil, am Ende vorläufiger, offener als Ihre abschließenden Urteile über die »pathologische Struktur« des Menschen? »Der Mensch ist immer am Ende ... prinzipiell und in jeder Stunde und an jedem Ort seines Lebens am Ende ...« (S. 82). Die Überführung aus dem psychoanalytischen in den theologischen Zusammenhang bekommt manchen Ihrer Formulierungen nicht, beraubt sie ihres vorläufig-experimentellen Charakters und erinnert an die lange Tradition, in der der Mensch von den Theologen immer schon von seinen Grenzsituationen her definiert wurde. Warum ist die Geschichte des Menschen schon darum »Krankengeschichte«, weil es auf ihre Prozeßhaftigkeit, Unabgeschlossenheit und Endlichkeit ankommt? Warum kann sie nicht begriffen werden als die freilich noch nicht entschiedene Geschichte seiner möglichen Menschwerdung, seiner Evolution? Entspräche das nicht viel eher seiner faktischen Lage, in der er — undefinierbar, wie er ist — gleichwohl genötigt ist, sich selbst immer neu sich vorzunehmen, sich selbst, seine Zukunft in »trial and error« zu entwerfen?

Aber nicht an solchen Fragen, deren ich noch eine ganze Reihe um der besseren Verständigung willen mit Ihnen gern diskutierte, entzündet sich mein eigentlicher Widerspruch, sondern an der, wie ich meine, unnötigen Unschlüssigkeit Ihres Gebetsverständnisses.

Vielleicht lese ich zu unaufmerksam. Aber ich verstehe noch nicht, ich bin noch nicht überzeugt, mit welcher Notwendigkeit der »besondere Denkakt«, das Exerzitium der Reflexion auf die Endlichkeit der Erfahrung und also der menschlichen Existenz von Ihnen als »Gebet« bezeichnet wird? Warum die Verknüpfung mit der oratio, warum nicht mit der meditatio, mit der tentatio? Warum nicht am Ende einfach mit dem philosophischen Denken als solchem, jedenfalls mit einer bestimmten Tradition desselben? Man spürt — nicht nur im Vorwort, sondern in der ganzen Argumentation — eine gewisse Unsicherheit oder Beliebigkeit im Blick auf diesen Punkt; so, wenn Sie fragen, »wie denn solcher Denkakt zu benennen sei. Ich nenne ihn Beten« (S. 90). Aber warum *nennen Sie ihn Beten? In so ziemlich allen Aspekten unterscheidet sich dieser Denkakt von dem, was herkömmlicherweise als Gebet geübt und beschrieben wird.*

Er ist nicht ein Akt der Zufluchtsuche, der Klage, des Jubels, des Protests oder der Feier, sondern ein Auf-Distanz-Gehen des reflektierenden Einzelnen, ein Sich-Freimachen von der Erfahrung für die Erfahrung.

Er ist nicht die Antwort des Menschen auf das verbum externum des Gerichts und der Gnade, sondern ein analytischer Vorgang, die Reflexion und Verarbeitung der freien Einfälle, zu denen auch die Traditionen des Glaubens gehören, im Interesse der Ich-Werdung (wobei die Frage, wie sich das von der Analyse unterscheidet, letztlich offenbleibt).

Er ist nicht zu fassen im Gegensatz Dialog—Monolog, sondern er ist »Erzählung« (vgl. S. 137), wobei die einfache Frage jedes Erzählers, wer der Zuhörer sei, merkwürdigerweise nicht auftaucht. Bin ich mein eigener Zuhörer? Aber wie überwinde ich dann mein Interesse, ja den Zwang, mir eine schönere Geschichte zu erzählen als meine eigene?

Noch einmal: warum der Name »Gebet« für diesen Denkakt des »philosophischen Glaubens«?

Bitte mißverstehen Sie mich nicht! Ich bin nicht *der Meinung, es wäre unzulässig, »im Durchleuchten der Tradition dem Beten selbst eine neue Funktion zuzuweisen« (S. 99). Es könnte sehr wohl sein, daß kritisches Nachdenken über das Gebet die traditionellen Funktionen des Betens als erledigt erweisen müßte, weil sie bezogen sind auf ein nicht mehr vollziehbares Gottesbild.* Wenn *aber einer den Ausdruck »Gebet« für eine Funktion verwendet, die mir nicht durchaus neu, sondern nur unter diesem Namen neu zu sein scheint, dann möchte ich verstehen können, warum, in welchem Interesse eine solche Umfunktionierung des Namens erfolgt.*
Das alles klingt viel polemischer, als es gemeint ist. Ihr Manuskript enthält eine ganze Serie von aufregenden Funden experimenteller Theologie — und ich kann mir tatsächlich Theologie nur noch als experimentelles Denken im Doppelsinn des Wortes, als Nachdenken der vita experimentalis und als Denkexperiment vorstellen. Aber weil Sie diese Funde nur absetzen gegen späte und blasse Formen der Reflexion über »Gebet« und nicht vermitteln mit der geschichtlichen und gegenwärtigen Wirklichkeit von Gebet, darum funkeln die Funde nicht, wie sie es sollten und könnten.

a) Wie zum Beispiel verhält sich Ihr Denkakt zum faktischen »Vorkommen« des Gebets in unserer zeitgenössischen Welt? Sie sagen dazu: »Es wird faktisch immer weniger gebetet ...« (S. 91). Ich wüßte gern, wie Sie das begründen. Die empirische Erhebung ergibt ja im Gegenteil immer wieder ein überraschend hohes Vorkommen des Gebets, ziemlich unabhängig von der Identifizierung mit oder der Distanz zu religiösen Institutio-

nen. Aber selbst wenn *ein solches Urteil für den schmalen Erfahrungsbereich sterbender Volkskirchlichkeit im westlichen Europa zuträfe, würde es mich als »professionellen Ökumeniker« ängstlich machen. Die angeblich »religionslose Welt« ist ja in Wirklichkeit religiös wild und vielfältig bewegt. Das Beten in den Bürgerrechtsbewegungen, das Beten der in den Ruinen sterbender Großkirchen explosiv sich ausdehnenden Pfingst- und Erweckungsbewegungen oder der in der Konfrontation mit dem Christentum sich neu formierenden Weltreligionen, das »Beten jenseits des Atheismus« in den Kirchen der sozialistischen Länder — was ist das alles, was bedeutet das alles? Die Formel von den Kollektiv- und Individualregressionen scheint mir allzu bequem zu sein. Natürlich kann man in europäischen Studierstuben argumentieren, das alles spiele sich noch diesseits der Schwelle des »irreversiblen Evolutionsschrittes« ab, dem sich der homo academicus, der sogenannte »moderne Mensch« verdankt, von dessen Bedürfnissen, von dessen Welt- und Selbsterfahrung, von dessen Epochebewußtsein wir Theologen heute so erstaunlich viel zu wissen scheinen. Vielleicht in glücklicher Inkonsequenz, vielleicht in religiösem Eskapismus, vielleicht im Protest gegen einen sich selbst ad absurdum führenden Rationalismus, vielleicht auf der Suche nach der verlorenen »cultural identity« — die Zeitgenossen beten. Ich glaube ja gar nicht, daß das als solches schon ein Argument wäre oder gar apologetische Munition. Aber müßten die betenden Zeitgenossen nicht wenigstens vorkommen, müßte eine der Empirie verpflichtete Argumentation sich nicht auf sie beziehen, sie aufzufinden, zu verstehen trachten? Und wenn sie denn in einigen ausgewählten*

Exemplaren — wie etwa in der Gestalt von Alfred Andersch — zu Wort kommen, müßte ihnen nicht mehr Zeit gelassen werden zu sagen, was sie wirklich sagen wollen? Denn sperrt sich nicht das Gebet »zwischen den Häusern von Vejano« (S. 108) in wesentlichen Elementen gegen die Theologie des Gebets, für die es zum Zeugen aufgerufen wird?

b) Dann ist da die Phänomenologie des Betens. Sie zeigt ein so breites Spektrum von Ursprüngen, Funktionsbereichen, von ins Beten mündenden Erfahrungen und Einstellungen, daß man durchaus fragen könnte, ob der eine *Ausdruck Gebet für die Fülle der Phänomene überhaupt ausreicht. Erfahrung ist das Schlüsselwort Ihrer Argumentation. Müßten Sie nicht eben darum konkreter fragen, welche konkreten Erfahrungen sich im Gebet reflektieren und auf welche Weise? Da ist die Erfahrung des »Entzückens«, des Überwältigtseins von der Verheißungsfülle und Vertrauenswürdigkeit des Daseins. Da ist die entgegengesetzte Erfahrung des »Entsetzens«, der hilflosen Konfrontation mit den zerstörerischen Mächten, der Gleichgültigkeit der Wirklichkeit gegen mich, das Menschsein, alles Leben. Alexis Sorbas antwortet auf beide Erfahrungen mit dem Tanz, und in gewisser Weise zeigt mir sein Tanz mehr vom Quellort und vom »Wesen« des Gebets als viele gescheite theologische Aufsätze. Zu den wichtigsten Funden Ihrer Überlegung gehört die Einsicht in die emanzipatorische Bedeutung des Gebets. Aber wovon emanzipiert sich der betende Mensch, konkret? Doch nicht nur von den Zwängen, Verdrängungen und Projektionen seiner Herkunftsgeschichte, sondern von der Überwältigung durch die Wirk-*

lichkeit seines Daseins, durch sein Geschick, wie es ihn beglückt, bedroht, in Frage stellt, herausfordert, vernichtet, erhebt, sich ihm schenkt, sich ihm entzieht, beides in überwältigender Mächtigkeit. Ist nicht das Gebet womöglich die ursprüngliche Weise, wie der Mensch aufsteht, sich wehrt gegen die Übermacht dieser Erfahrungen, die ihn zu überschwemmen, wegzuschwemmen drohen? Und stellt sich nicht darum *— wie bei Andersch — das »Du« im Gebet zwingend ein, weil es im Gebet um den Widerstand und die Ergebung, um die Selbstvergewisserung des »Ich« geht? Was Es war, muß Ich werden, das ist die Logik der Psychoanalyse. Was Es war, muß Du werden, damit das Ich sich nicht verliert — könnte das womöglich eine Logik des Gebets sein? Ich würde gar nicht leugnen, daß dieses »Du« im Vorgang des Gebets dann auch wieder verzehrt und transzendiert wird. Auch das Du ist nur eine Maske Gottes, in der er sich zugleich erweist und entzieht. Aber strandet unsere Sprache an Gott nicht auch in der Kategorie des a-personalen »Geheimnisses der Wirklichkeit«?*

Ich will ja nicht ein anderes Gebetsverständnis gegen das Ihre setzen. Ich will nur fragen, ob Ihr Ansatz nicht viel weiter vorgetrieben werden könnte und müßte in die Konkretion, ob er seine Fruchtbarkeit nicht erst zeigen würde, wenn er die »Erfahrung« in den konkreten Erfahrungen aufsuchte.

c) Man könnte weitergehen und fragen, warum Sie gänzlich darauf verzichten, das Gebet in seinem weiteren Kontext, im Kontext der Frömmigkeit, der gegenwärtigen Religiosität aufzusuchen? Auch von daher würde sich Ihre Behauptung, es würde faktisch immer weniger gebetet, noch einmal relativieren lassen müssen. Eine Fülle von Äquivalenten dessen, was traditionellerweise als Gebet bezeichnet wird, würde sich vermutlich in den säkularen Liturgien des Jugendprotests, des religiös getönten Nationalismus der Dritten Welt, der entstehenden Kultur der Freizeitgesellschaft mit ihrer Religion des »Erlebens«, der revolutionären Bewegungen über die Welt hin finden lassen. Ihre These, daß das Gebet »strikt dem Einzelnen« (S. 118) zuzuordnen sei, würde damit nicht einfach hinfällig, vor allem ihre kirchen- und liturgiekritische Bedeutung bleibt erheblich. Aber könnte sie in ihrer Abruptheit und Absolutheit stehen bleiben?

d) Was ich aber vollends nicht verstehe: warum handeln Sie vom Gebet nahezu ohne Bezug auf seine Geschichte, vor allem auf die biblische Gebetstradition? Hätte Ihnen nicht die Formanalyse und Formgeschichte etwa der Psalmen für Ihren Hinweis, wie das Gebet Antwort in Frage verwandelt, wie es erzählt, wie es vorgegebene Sprache verzehrt und verbraucht, wie es Sprache erzeugt, eine Fülle von Argumenten geliefert, sie dann freilich auch relativiert, ihre relative Vertrautheit gezeigt? Nicht als wäre die Vermittlung einer theologischen Aussage mit ihrer Herkunft unentbehrlich. Aber wäre nicht dem Leser geholfen, wenn er in aller Diskontinuität die Kontinuität spürte und also abgeholt würde in seinem Problembewußtsein?

In Ihrer großartigen Kritik des Vortrags von Heinrich Ott fragen Sie zum Schluß, wie man in einem so überzogenen Gebetsverständnis das Gebet noch als »mög-

liche Gebärde des Menschen wiedererkennen« (S. 62) könne. An vielen Stellen Ihres Manuskriptes ahnt man durchaus, wie diese Gebärde heute vielleicht aussehen könnte und müßte. Man wünschte sich dann freilich, Sie würden einen noch ein gutes Wegstück weiterbringen, hinein in den konkreten »Bildungsvorgang« (S. 139; der Ausdruck ist für mich vielleicht der aufregendste Fund Ihrer Argumentation) des Gebetes. Aber dann fällt einem ein, wie wenig man selbst je über die Prolegomena einer Praktischen Theologie hinauskommt. Und man verbleibt in Dankbarkeit und Widerspruch

Ihr Ernst Lange

Lieber Herr Lange,

vielen Dank für Ihren ausführlichen Brief, der mich sehr beschäftigt hat. Er kommt – soweit ich das allerdings mehr spüren als belegen kann – aus einer gedanklichen Welt, die mir weithin fremd ist. Aber gerade deshalb macht er mir die Problematik meines Büchleins noch einmal und erst recht deutlich. Ich kann nun nicht auf alle Ihre kritischen Äußerungen, Anregungen und Fragen im einzelnen eingehen. Aber ich will versuchen, in einigen Punkten meine eigene Position etwas mehr zu klären.

Die Problematik, die meinen ganzen Versuch bestimmt und durchzieht, ist wohl die, daß ich mich von Anfang bis Ende in starker Einseitigkeit um den denkerischen Aspekt des Betens, ja um das Denken selbst kümmere. Dem Denken selbst, wie es sich darstellt als geformtes Verhältnis von Erfahrung und Reflexion, gilt mein Interesse. Damit mag zusammenhängen, daß ich mich wenig oder gar nicht mit jenen Dingen beschäftige, die Sie monieren, nämlich mit dem Beten in der Bibel oder den heutigen möglichen Formen des Gebets. So wichtig ich auch alle diese Erscheinungen finde, so sehr muß ich doch sagen: Noch wichtiger ist es, das Denken, und nun auch das theologische Denken, auf den Horizont der Erfah-

rung zu verpflichten und die Erfahrung streng an die Reflexion zu binden.

Wer über das Denken nachdenkt, dem muß auffallen, daß das Denken auch im Horizont der Erfahrung der Kategorie des »Absoluten« bedarf. Ohne diese Kategorie wird es nicht zur Reflexion von Erfahrung und so nicht zum Denken kommen. Aber nun scheint mir, das Absolute sei im Horizont der Erfahrung, sei damit in der Moderne denkbar nur in der kategorialen Form der Frage. Oder anders gesagt: Das Absolute ist Element des Denkens als Frage nach dem Absoluten. Ich suchte nach einem Wort, das dieser besonderen Struktur des Absoluten Rechnung trägt. Es mußte ein Wort sein, das alle Vorstellung letzter Antwort ausschließt und das Fragen wachhält. Ich fand das Wort »Geheimnis«. Dieses Wort trägt sicherlich auch seine Hypotheken. Aber ich meine doch, daß es in dem Gebrauch, den ich von ihm mache, einiges beiträgt zur Erhellung eines Denkens im Horizont der Erfahrung.

Daß ich nun jenen Akt des Denkens, in dem Erfahrung reflektiert und reflektierte Erfahrung erzählt wird, Beten nenne, mag befremden. Ich verfolge mit dieser Benennung keine apologetischen Absichten. Aber ich nehme mir das Recht heraus, mit der Evokation des Betens das Denken an den Geheimnischarakter der Endlichkeit und damit an die Frage zu erinnern. Oder anders: Indem ich jenen bestimmten Denkakt Beten nenne, will ich zum Ausdruck bringen, daß im Horizont der Erfahrung, daß in der Moderne eine bestimmte »Frömmigkeit« entsteht und entstehen muß: die Frömmigkeit der Frage, die Religion des Zweifels. Damit ist ein Weiteres verbunden: Dadurch, daß ich das Wort Beten brauche,

breche ich das Verhältnis zur Tradition nicht ab. Dadurch aber, daß ich jenen besonderen Denk-Akt Beten nenne, gerät das Verhältnis zur Tradition in Bewegung; es wird der analytischen Verarbeitung unterzogen; Beten wird so zur produktiven »Trauerarbeit«.
Es scheint mir folgerichtig zu sein, wenn aus meiner Sicht des Gebets alles Reden von Gott Fragen nach Gott ist und sich als solches den personalen und soteriologischen Kategorien, wie sie in der Theologie üblich sind, entzieht. Das bedeutet jedoch keine sprachliche Diät: Ich habe nichts gegen das Anreden Gottes im Gebet, nichts gegen die Verwendung des Wörtchens »Du«. Aber ich meine, die Theologie sei genötigt, um der Erfahrung willen die Personalität und die Soteriologie als Kategorien zu überwinden, um der Frage nach Gott im Denken selbst Platz machen zu können.
Sie weisen darauf hin, daß alle Frage »antworthaltig« sei, daß alle Frage Antwort impliziere und produziere. Das würde ich nicht bestreiten. Es geht mir um die Struktur des Denkens und nicht um die Grammatik der Sprache. Es entscheidet sich nicht am Fragezeichen, ob ein Satz strukturell der Frage verpflichtet ist oder nicht. Hinter dem, was ich reine Frage nenne, steht ein vernünftiger Wille, der erfahrene Wille nämlich, keine Antwort unbefragt zu lassen und keine Frage als abschließende anzuerkennen, der Wille, jede Antwort in Frage zu übersetzen und jede so gewonnene Frage als Licht für das nächste Wegstück auszuprobieren.
Die Fragehaltung eines vernünftigen, erfahrenen Willens ist freilich nicht mit jener Vorläufigkeit und Offenheit identisch, von der Sie sprechen. Sie vertreten die Offenheit des Fragens, weil die Antwort, die letzte

Heilsantwort noch aussteht. Würde sie eintreffen, wäre alle Frage überholt. So bleibt die Offenheit des Fragens, von der Sie reden, letztlich orientiert an einer futurischen letzten Antwort.

So denke ich nicht. Mein Fragen wird als solches nicht ermöglicht dadurch, daß die *Antwort erst in der Zukunft liegt, sondern dadurch, daß die präsente Endlichkeit meiner Welt nicht selbstverständlich ist, sondern — indem gerade die Endlichkeit das Geheimnis der Welt ausmacht — die Anstrengung des Zweifels und darin fragendes Denken fordert.*

Mit herzlichem Gruß
Ihr Walter Bernet

ANMERKUNGEN

1. *Friedrich Heiler:* Das Gebet. Eine religionsgeschichtliche und religionspsychologische Untersuchung. München 1918.
2. Vgl. z. B. *Zwinglis* »Commentarius de vera et falsa religione« von 1525.
3. *Immanuel Kant:* Kritik der reinen Vernunft. In: Werke in sechs Bänden. Hrsg. von *Wilhelm Weischedel,* Bd. II, Darmstadt 1956, S. 107. Kant wird, wo nicht anders vermerkt, nach dieser Ausgabe zitiert.
4. *I. Kant:* Welches sind die wirklichen Fortschritte, die die Metaphysik seit Leibnizens und Wolffs Zeiten in Deutschland gemacht hat? In: Bd. III, Darmstadt 1959, S. 609.
5. Von da her wird Kants höchst kritisches Verhältnis zum Gebet verständlich. Drei kurze Texte sollen es illustrieren.
»Daß ein Mensch mit sich selbst laut redend betroffen wird, bringt ihn vor der Hand in den Verdacht, daß er eine kleine Anwandlung von Wahnsinn habe; und eben so beurteilt man ihn (nicht ganz mit Unrecht), wenn man ihn, da er allein ist, auf einer Beschäftigung oder Gebärdung betrifft, die der nur haben kann, welcher jemand außer sich vor Augen hat, was doch in dem angenommenen Beispiele der Fall nicht ist.« (*I. Kant:* Die Religion innerhalb der Grenzen der bloßen Vernunft. In Bd. IV, Darmstadt 1963, S. 871 Anm.)
»Auch ist es ein ungereimter und zugleich vermessener Wahn, durch die pochende Zudringlichkeit des Bittens zu versuchen, ob Gott nicht von dem Plane seiner Weisheit (zum gegenwärtigen Vorteil für uns) abgebracht werden könne. Also kön-

nen wir kein Gebet, was einen nicht moralischen Gegenstand hat, mit Gewißheit für erhörlich halten...« (*I. Kant:* a.a.O., S. 872 Anm.)
»Aber endlich ist auch bei dem Gebete Heuchelei; denn der Mensch mag nun laut beten, oder seine Ideen innerlich in Worte auflösen, so stellt er sich die Gottheit als etwas vor, das den Sinnen gegeben werden kann, da sie doch blos ein Princip ist, das seine Vernunft ihn anzunehmen zwingt. Das Daseyn der Gottheit ist nicht bewiesen, sondern es wird postulirt, und es kann blos dazu dienen, wozu die Vernunft gezwungen war, es zu postuliren. Denkt nun der Mensch: Wenn ich zu Gott bete, so kann mir dies auf keinen Fall schaden; denn ist er nicht, nun gut, so habe ich des Guten zu viel gethan; ist er aber, so wird es mir nützen; so ist diese Prosopopöia Heuchelei, indem beim Gebet vorausgesetzt werden muß, daß Derjenige, der es verrichtet, gewiß überzeugt ist, daß Gott existirt. Daher kommt es auch, daß Derjenige, welcher schon große Fortschritte im Guten gemacht hat, aufhört zu beten; denn Redlichkeit gehört zu seinen ersten Maximen – ferner, daß diejenigen, welche man beten findet, sich schämen. In den öffentlichen Vorträgen an das Volk kann und muß das Gebet beibehalten werden, weil es wirklich rhetorisch von großer Wirkung seyn und einen großen Eindruck machen kann, und man überdies in den Vorträgen an das Volk zu ihrer Sinnlichkeit sprechen und sich zu ihnen so viel wie möglich herablassen muß.« (*I. Kant:* 8092. [1788–1790] Vom Gebet. In: Kants gesammelte Schriften. Akad.-Ausgabe Bd. XIX, Berlin und Leipzig 1934, S. 637f.)
6. *I. Kant:* Die Religion innerhalb der Grenzen der bloßen Vernunft. In: Bd. IV, Darmstadt 1963, S. 777.
7. *Sigmund Freud:* Die Zukunft einer Illusion (1927). In: *S. Freud:* Gesammelte Werke. Chronologisch geordnet. Bd. XIV Werke aus den Jahren 1925–1931, Frankfurt a. M. 1963[3], S. 325ff. Alle folgenden Zitate dieses Abschnitts sind –

ohne besondere Belege – dieser Schrift entnommen. Im übrigen zitiere ich Freud nach der angeführten Gesamtausgabe.
8. *Carl Gustav Jung:* Wandlungen und Symbole der Libido. Ein Beitrag zur Entwicklungsgeschichte des Denkens (1912). Leipzig und Wien 1925^{2}.
9. *C. G. Jung:* Psychologie und Religion. Zürich 1940, S. 80.
10. *C. G. Jung:* Psychologische Typen. Zürich 1921, S. 76.
11. *C. G. Jung:* Psychologie und Religion, S. 85.
12. *Hans Schär:* Religion und Seele in der Psychologie C. G. Jungs. Zürich 1946, S. 193.
13. *C. G. Jung:* Psychologie und Religion, S. 88.
14. *C. G. Jung:* a. a. O., S. 88 f.
15. *C. G. Jung:* a. a. O., S. 91.
16. *C. G. Jung:* a. a. O., S. 92.
17. *C. G. Jung:* a. a. O., S. 147.
18. *C. G. Jung:* a. a. O., S. 151.
19. Vgl. dazu S. 103 ff. dieses Buches.
20. Wenn Jung das 1950 proklamierte Dogma von der Aufnahme Mariä in den Himmel preist, so hat das zweifellos bestimmte psychologische Gründe inhaltlicher Art. Vor allem aber gilt Jungs Freude der Tatsache, daß hier in qualitativer Weise die Zahl der Dogmen so vermehrt wird, daß eine Veränderung des Dogmas schlechthin zustande kommt.
21. *Alfred de Quervain:* Das Gebet. Ein Kapitel der christlichen Lehre. Zollikon-Zürich 1948, S. 7.
22. *Eduard Thurneysen:* Die Lehre von der Seelsorge. Zollikon-Zürich 1946, S. 176.
23. *Kurt Leese:* Die Religion des protestantischen Menschen. München 1948^{2}, S. 13.
24. *Kornelis H. Miskotte:* Der Weg des Gebets. München 1964, S. 9.
25. *Dorothee Sölle:* Gebet. In: Theologie für Nichttheologen. ABC protestantischen Denkens, hg. v. *Hans Jürgen Schultz.* Stuttgart-Berlin 1968^{2}, S. 102.
26. *Heinrich Ott:* Theologie als Gebet und als Wissenschaft

(Habilitationsvorlesung Basel 1958). ThZ 14, 1958, S. 120. Alle folgenden Zitate Otts sind — ohne weitere Belege — diesem Aufsatz entnommen.

27. *Edmund Husserl:* Erfahrung und Urteil. Untersuchungen zur Genealogie der Logik. Redigiert und hg. v. *Ludwig Landgrebe.* Hamburg 1954. Die Zitate stammen alle aus den §§ auf S. 21–27. Was ich hier darlege, ist als Paraphrase und nicht als historische Interpretation der Husserl-Texte zu verstehen.

28. *S. Freud:* Selbstdarstellung (1925). In: Bd. XIV Werke aus den Jahren 1925–1931. Frankfurt a. M. 1963[3], S. 34.

29. *Friedrich Nietzsche:* Jenseits von Gut und Böse. In: *F. Nietzsche:* Werke in drei Bänden, hg. v. *Karl Schlechta,* Bd. II, München o. J., S. 623: »Es gibt bei den Menschen wie bei jeder andern Tierart einen Überschuß von Mißratnen, Kranken, Entartenden, Gebrechlichen, notwendig Leidenden; die gelungenen Fälle sind auch beim Menschen immer die Ausnahme und sogar in Hinsicht darauf, daß der Mensch das noch nicht festgestellte Tier ist, die spärliche Ausnahme.«

30. *F. Nietzsche:* Der Antichrist. In: Bd. II, S. 1174 f.

31. *S. Freud:* Die Freudsche psychoanalytische Methode (1904). In: Bd. V Werke aus den Jahren 1904–1905. Frankfurt a. M. 1963[3], S. 4 f.

32. Vgl. *S. Freud:* Ratschläge für den Arzt bei der psychoanalytischen Behandlung (1912). In: Bd. VIII Werke aus den Jahren 1909–1913. Frankfurt a. M. 1963[3], S. 381.

33. *S. Freud:* Die Freudsche psychoanalytische Methode, a. a. O., S. 8.

34. *Jürgen Habermas:* Erkenntnis und Interesse (Theorie 2). Frankfurt 1968, S. 343.

35. *Medard Boss:* Einführung in die psychosomatische Medizin (Sammlung Innere Medizin und ihre Grenzgebiete. Hg. v. *P. H. Rossier* u. *O. Spühler,* Bd. VI). Bern und Stuttgart 1954, S. 104.

36. *S. Freud:* Das Unbehagen in der Kultur (1930). In:

Bd. XIV Werke aus den Jahren 1925–1931. Frankfurt a. M. 1963[3], S. 477 f.

37. *F. Heiler:* Das Gebet . . . passim, bes. S. 202 ff. und 220 ff.

38. *Walter Nigg* (Hg.): Gebete der Christenheit. München und Hamburg 1965 (Siebenstern-TB 46), S. 175 und 177.

39. *Rolf Schäfer:* Gott und Gebet. Die gemeinsame Krise zweier Lehrstücke (Antrittsvorlesung Tübingen 1967). In: ZThK 65, 1968, S. 117–128. Alle folgenden Verweise auf Schäfer stammen – ohne besondere Belege – aus diesem Vortrag.

40. Vgl. S. 137 dieses Buches.

41. *Helmut Holzhey:* Der ontologische Gottesbeweis. Bemerkungen zum Gottesbegriff in Philosophie und Theologie. In: Studia Philosophica 28, 1968, S. 66 f.

42. *Martin Luther:* Wochenpredigten über Joh. 16–20; zu Joh. 17, 1. In: WA 28, S. 76 Z. 2 – S. 77 Z. 2. Übersetzung: »So geht es mir. Wenn ich ohne Worte (der Bibel) bin, (sie) weder lese noch mich (ihrer) erinnere, dann ist niemand bei mir daheim (d. h. dann bleibe ich bloß bei mir allein), wenn ich aber einen Psalm lese, komme ich auf andere Gedanken. Ich hoffe, daß jedermann es mit sich ebenso erfährt. Dies sei ein Beispiel dafür, daß man das äußerliche Gebet pflegen soll, allerdings nicht in der Art der papistischen Gebete. Der Grund, welchen ihr dafür bei euch selbst finden werdet, ist folgender: Wir sind in solchem Maße ungewiß und wankelmütig bei unsern Gedanken, daß, sobald jemand beginnt, über Gott nachzudenken ohne einen Bibelspruch, es ihm gewiß so ergehen wird: Will er an den gekreuzigten Christus denken, kommt er auf ein nacktes Weib, auf einen Goldberg oder auf Spanien. Versuche dein Herz eine Stunde lang und warte ab, welche Art Gedanken in dieser einen Stunde du hast, und gelobe dir, daß du diese Gedanken mündlich aussprechen willst. Wenn du sie öffentlich sagst, so wird man herbeilaufen und dich in Ketten legen, so eine jämmerliche Sache wäre das.«

43. *Alfred Andersch:* Die Kirschen der Freiheit. Ein Bericht. Zürich 1968, S. 125.
44. *Werner Weber:* Über Alfred Andersch. Eine Rede (1968). Zürich 1968, S. 21.
45. *C. G. Jung:* aus einem unveröffentlichten Brief an den Verfasser vom 13. 6. 1955.
46. *Alexander Mitscherlich:* Auf dem Weg zur vaterlosen Gesellschaft. Ideen zur Sozialpsychologie. München (1963), 1967, S. 316. Alle im Folgenden angeführten Mitscherlich-Zitate entstammen diesem Werk, S. 316–319.
47. *K. H. Miskotte:* Der Weg des Gebets. München 1964, S. 108.
48. *Emil Staiger* (Hg.): Der Briefwechsel zwischen Schiller und Goethe. Frankfurt a. M. 1966, S. 374 f.
49. *E. Staiger:* a. a. O., S. 383.
50. *E. Staiger:* a. a. O., S. 435.
51. *E. Staiger:* a. a. O., S. 500.
52. Dieser Brief Goethes befindet sich nicht in der Briefausgabe. Er wird zitiert nach: *Wilhelm Lehmann:* Bewegliche Ordnung. Aufsätze (Bibliothek Suhrkamp 35). Frankfurt o. J., S. 206.
53. *Adolf Bolliger:* Die theoretischen Voraussetzungen des Gebets und deren Vernünftigkeit (Antrittsvorlesung Basel 1891). Basel 1891.
54. Den Ausdruck verdanke ich den schönen »Vorsätzen« bei *Hans Jürgen Schultz:* Auch Gott ist nicht fertig. Etwas Laienprosa. Stuttgart und Berlin 1969, S. 9.
55. *Rudolf Hermann:* Das Verhältnis von Rechtfertigung und Gebet nach Luthers Auslegung von Römer 3 in der Römerbriefvorlesung (1925). In: *R. Hermann:* Gesammelte Studien zur Theologie Luthers und der Reformation. Göttingen 1960, S. 11–43.
Und: Luthers These »Gerecht und Sünder zugleich« (Gütersloh 1930). Photomech. Nachdruck Darmstadt 1960, bes. S. 289–301 (cap. X: Das »Zugleich« und das Gebet). Dem

Folgenden liegt wesentlich der zweite Titel zugrunde.
56. *R. Hermann:* a. a. O., S. 289.
57. Zit. bei *R. Hermann:* a. a. O., S. 290.
58. *R. Hermann:* a. a. O., S. 290.
59. *R. Hermann:* a. a. O., S. 291.
60. *R. Hermann:* a. a. O., S. 292 f.
61. Zit. bei *R. Hermann:* a. a. O., S. 293. Übersetzung: »... weil dies Leben (in der Rechtfertigung) keine Erfahrung seiner selbst besitzt, sondern Glauben; denn niemand weiß, daß er lebt, noch erfährt er, daß er gerechtfertigt ist, sondern er glaubt und hofft (es).«
62. *R. Hermann:* a. a. O., S. 295.
63. *R. Hermann:* a. a. O., S. 297.
64. *R. Hermann:* a. a. O., S. 298.
65. *R. Hermann,* a. a. O., S. 298.
66. Zit. bei *R. Hermann:* a. a. O., S. 301. Übersetzung: »... man soll allzeit beten, weil wir immer Sünder sind. Unser Leben ist umgriffen und umschlossen in der Umarmung und an der Brust Gottes. Unser Leben soll heißen: Erbarme dich meiner (= mei), weil wir ›Egoisten‹ (= mei), d. i. Sünder sind. Also soll der Christ lernen, daß sein Leben vor Gott lauter Gnade ist.«
67. *Paul Althaus d. Ä.:* Forschungen zur evangelischen Gebetsliteratur. Gütersloh 1927.
68. *R. Hermann:* a. a. O., S. 1.
69. Vgl. *Wilhelm Weischedel:* Die Sprache des Schweigens. Zur Dialektik von Wort und Schweigen. In: Philosophische Grenzgänge. Vorträge und Essays. Stuttgart 1967, S. 124: »Das Schweigen hat Sprache ... das Gesagte der Sprache des Schweigens (ist) das Geheimnis ...«

HARVEY COX
DAS FEST DER NARREN

Das Gelächter ist der Hoffnung letzte Waffe

Aus dem Amerikanischen übersetzt
von Werner Simpfendörfer
ca. 224 Seiten, kt. DM 12,80

In seinem neuesten Buch macht der Autor der bekannten Werke »Stadt ohne Gott?« und »Stirb nicht im Warteraum der Zukunft« eine lange verschüttete Quelle christlicher Tradition für den Glauben von heute fruchtbar. Das mittelalterliche »Fest der Narren« dient ihm als Ausgangspunkt und Symbol eines engagierten Eintretens für menschliches Glück. Unter dem Leistungs- und Erfolgszwang moderner Industriegesellschaften müssen Lebensfreude und Phantasie, Lachen und Festlichkeit verkümmern. Damit aber verschwindet die Hoffnung und alles, was menschliches Leben lebenswert macht. Den verzweifelten Ernst derer, die an einer Veränderung der gesellschaftlichen Verhältnisse arbeiten, und die interesselose Heiterkeit von Hippies und Blumenkindern, die durch Drogen und Tänze der unfreundlichen Wirklichkeit zu entfliehen suchen, gilt es zu versöhnen in der auf Hoffnung gegründeten Lebensfreude der »Narren um Christi willen«. Christus selbst gewinnt in der Gestalt des verspotteten Narren, der verhöhnt und geschunden, aber niemals besiegt wird, eine neue, unerwartete Macht über Menschen, die lernen, angesichts der Hoffnungslosigkeit der Welt in ein getrostes Gelächter auszubrechen, weil sie wissen: »Die göttliche Torheit ist weiser, als die Menschen sind; und die göttliche Schwachheit ist stärker als die Menschen sind« (1. Korinther 1,25). — Das Buch wird für Theologen und Laien zu einer aufregenden Analyse der Zeitsituation, mehr noch: zur Ermutigung für einen Glauben, der die Welt und das Glücksverlangen der Menschen nicht verlorengibt.

Kreuz-Verlag Stuttgart · Berlin